共6册

机器人
创意与编程（二）

第10册　Arduino编程基础

谭立新　刘开新　著

北京理工大学出版社

BEIJING INSTITUTE OF TECHNOLOGY PRESS

内 容 提 要

本套教材体系上符合人工智能进入中小学编程教育的主要技术框架，内容上涵盖了机械结构、电子电路、Mixly 图形化编程、C 语言程序设计基础知识、Arduino C 代码编程、智能硬件应用、传感器应用、红外通信等方面的知识与实践。

本教材内容尽量简化了文字语言，最大限度地使用图形语言，力求适应不同年龄段的小学生认识事物与理解事物的特点。

版权专有　侵权必究

图书在版编目（ＣＩＰ）数据

机器人创意与编程. 二 共6册 / 谭立新，刘开新著
. -- 北京 ：北京理工大学出版社，2024.5
ISBN 978 - 7 - 5763 - 3985 - 7

Ⅰ. ①机… Ⅱ. ①谭… ②刘… Ⅲ. ①机器人 - 程序
设计 - 中小学 - 教材 Ⅳ. ①G634.931

中国国家版本馆 CIP 数据核字（2024）第 097367 号

责任编辑：钟　博　　文案编辑：钟　博
责任校对：周瑞红　　责任印制：施胜娟

出版发行 / 北京理工大学出版社有限责任公司
社　　址 / 北京市丰台区四合庄路 6 号
邮　　编 / 100070
电　　话 / （010）68914026（教材售后服务热线）
　　　　　　（010）68944437（课件资源服务热线）
网　　址 / http://www.bitpress.com.cn

版 印 次 / 2024 年 5 月第 1 版第 1 次印刷
印　　刷 / 河北盛世彩捷印刷有限公司
开　　本 / 889 mm×1194 mm　1/16
印　　张 / 49.75
字　　数 / 1046 千字
总 定 价 / 468.00 元（共 6 册）

前　言

　　机器人是一个融合机械、电子、计算机、智能控制、互联网、通信、人工智能等诸多技术的综合体，对未来学科启蒙意义重大。随着国家教育体制改革的不断深化，中小学开设以机器人为载体的新一代信息科技课程越来越受到高度重视。

　　众所周知，机器人技术中的任何一门学科都应该是中专及以上院校开设的课程，对于中小学生特别是小学生来说有什么意义呢？这就好比汉语言文学专业，它是我国大学史上最早开设的专业之一，可是从来没有哪一位学生是在考入大学的这一专业后才开始学习说话和写字的，也没有哪一位学生是在牙牙学语时便学习音韵、语法和修辞课程的。

　　本套《机器人创意与编程》教材立足于既要解决像汉语言文学专业的学生不需要从零开始学习"说话"和"写字"的问题，又尽量处理好像婴儿在牙牙学语时的"语法"与"修辞"的难题。

　　本套教材依据中国电子学会推出的《全国青少年机器人技术等级考试标准》，对课程体系的组织与安排充分注重教学内容的系统性、教学阶段的差异性、教学形式的趣味性和手脑并重的创意性。本套教材按照《全国青少年机器人技术等级考试标准》，体系上符合人工智能进入中小学编程教育的主要技术框架，内容上涵盖了机械结构、电子电路、软件编程、智能硬件应用、传感器应用、通信等方面的知识与实践。

　　本套教材共12册，适用对象为小学1~6年级的学生，其中9~12册也适合7~9年级学生学习。

　　1~4册，主要通过积木模型介绍机械结构方面的知识，对应1~2年级的学生及一、二级等级考试；

　　5~8册，主要介绍 Mixly 图形化编程、电子电路、智能硬件及传感器的应用等知识，对应3~4年级的学生及三级等级考试；

　　9~12册，主要介绍 C 语言代码编程、电子电路、智能硬件及传感器的应用、红外通信等知识，对应5~6年级的学生及四级等级考试。

　　每册教材原则上按单元划分教学内容，即每个单元具有相对独立的知识点。为了便于学生学习与记忆，1~4册每课的知识点在目录中用副标题标出；5~12册每课的标题除应用型项目外，原则上用所学知识点直接标出。

　　中小学生机器人技术课程开发是一个全新的领域。由于编者水平有限，不妥和疏漏之处在所难免，敬请广大读者提出宝贵的意见和建议。

编　者

目　　录

第 1 单元
Arduino 的基本结构

- Arduino 开发板
- Arduino C 程序的基本结构

第 **1** 课

再认识 Arduino

在 Mixly 图形化编程的学习过程中，我们对 Arduino 已经很熟悉了。从现在开始，我们要学习用代码为 Arduino UNO 主控板编写程序，因此进一步了解 Arduino 是很有必要的。

1.1 基本要点

1.1.1 Arduino UNO 主控板

1. Arduino 的开源特性

Arduino 是一个可编程的开源硬件平台，主要是给小发明家、小创客和喜欢创作小作品的人使用的。

Arduino 的开源性主要体现在以下两方面。

（1）Arduino 的开发环境对使用者是免费的，可以运行在任意类型的支持 Java 的计算机上。

（2）Arduino 的生态环境从根本上体现了开放设计、共同建设、相互合作的理念。可以把 Arduino 生态环境看作全部设计文件、原理图和软件，可以免费获得、下载、使用、修改等。

2. Arduino UNO 主控板的技术参数与特性

1）单片机参数

单片机工作主频：16 MHz（5 V）；

闪存（Flash 存储器）：32 KB；

主存（RAM）：2 KB；

EEPROM：1 KB。

2）电源接口

USB 接口：通过 USB 数据线给 Arduino UNO 主控板提供 5 V 的工作电压。

5 V 引脚：通过 5 V 引脚和 GND 引脚给 Arduino UNO 主控板提供不大于 5 V 的工作电压。

DC 电源接口：输入 7~12 V 的电源，经 Arduino UNO 主控板上的稳压器为 Arduino UNO 主控板提供 5 V 的工作电压。

Vin 引脚：输入 7~12 V 的电源，经过稳压后为 Arduino UNO 主控板提供 5 V 的工作电压。

GND 引脚：电源地引脚。Arduino UNO 主控板所有标识为 GND 的引脚都是相互连通的。

Arduino UNO 主控板允许同时连接多个电源，电源切换电路会选择最高可用电压的电源，然后将其接入稳压器。

3）扩展输入/输出引脚

Arduino UNO 主控板共有 20 个输入/输出引脚，即 I/O 引脚。其中，引脚 0～13 为数字引脚，引脚 A0～A5 为模拟输入引脚，如图 1－1 所示。

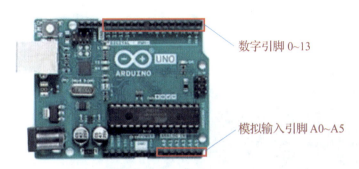

数字引脚 0~13

模拟输入引脚 A0~A5

图 1－1　Arduino UNO 主控板输入/输出引脚位置

（1）数字引脚：引脚 0～13 为数字输入与输出引脚。

其中，标识有波浪线"～"的引脚 3、5、6、9、10、11 又用作模拟输出引脚；标识有"RX"的 0 号引脚又用作串口接收（RX），标识有"TX"的 1 号引脚又用作串口发送（TX）。

（2）模拟输入引脚：引脚 A0～A5 为模拟输入引脚，用于输入模拟信号。同时引脚 A0～A5 也可以用作数字引脚，用于数字信号的输入与输出。

（3）输入/输出引脚的最大输入/输出电流：Arduino UNO 主控板的每个输入/输出引脚最大可输入电流为 40 mA，最大可输出电流为 50 mA，所有引脚的总输出电流为 200 mA。如果超出这个范围，会影响元器件的正常工作，甚至损坏主控板或元器件。

1.1.2　Arduino IDE 界面

Arduino IDE 是 Arduino Integrated Development Environment 的简称，即 Arduino 集成开发环境。Arduino IDE 界面如图 1－2 所示。

1. 菜单栏各选项的功能

文件：实现新建文件、保存文件、打开文件等功能；

编辑：实现复制、粘贴、查找等功能；

项目：实现验证/编译、上传、加载库、添加文件等功能；

工具：实现管理库、打开串口监视器、选择开发板等功能；

帮助：提供入门、参考等帮助。

2. 工具栏各按钮的功能

工具栏的 6 个功能按钮都包含在菜单栏的各选项中，把它们放在工具栏中是因为它们提供一些常用功能，独立出来后使用起来很方便。

　"验证编译"按钮：程序编写完毕后单击此按钮检查程序是否有语法错误，如果没有语

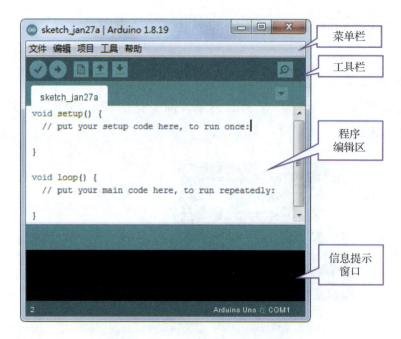

图1-2 Arduino IDE 界面

法错误则对程序进行编译，如果有语法错误则在信息提示窗口提示错误信息且不会进入编译状态。

"上传"按钮：单击此按钮编译程序，并将编译成功的程序上传到 Arduino 微控制器。

"新建"按钮：新建一个项目文件。

"打开"按钮：打开一个已有的项目文件。

"保存"按钮：保存当前的项目文件。

"串口监视器"按钮：单击此按钮打开串口监视器。

3. 程序编辑区

在这里编写程序代码。

4. 信息提示窗口

在这里提示程序编译信息。

1.2 应用示例

【示例1-1】 编译程序并保存程序文件。

对下面的示例1-1程序进行保存、验证、上传，然后在新建文件中打开这个文件。

1. 源代码

示例1-1程序代码如下。

```
/*示例程序 shiLi1_1 */
```

```
void setup() {
  int a = 1,b = 2,c;
  c = a + b;
}

void loop() {
}
```

2. 编写程序

双击桌面上的 Arduino 图标 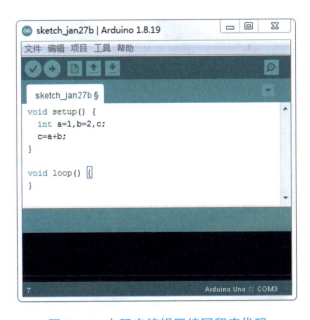，打开 Arduino IDE 界面，在程序编辑区编写示例 1 – 1 程序代码，如图 1 – 3 所示。

图 1 – 3　在程序编辑区编写程序代码

3. 保存文件

程序代码编写完成后，选择菜单栏中的"文件"→"保存"选项，这时会弹出一个"项目文件夹另存为"对话框，如图 1 – 4 所示。

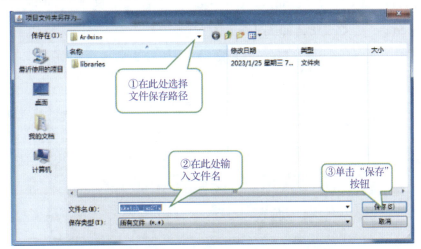

图 1 – 4　"项目文件夹另存为"对话框

保存步骤如下。

（1）单击"保存在"栏内的倒三角形按钮"▼"选择保存路径。可以将文件保存在计算机的某个硬盘中，也可以保存在自己的 U 盘中。这里将文件保存在计算机的 D 盘中，如图 1-5 所示。

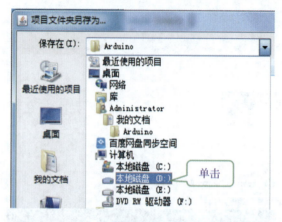

图 1-5　将文件保存在计算机的 D 盘中

（2）选择"本地磁盘（D:）"，弹出 D 盘文件夹目录，如图 1-6 所示。如果 D 盘当前目录中没有想要的文件夹，可以在空白处单击鼠标右键，在弹出的菜单中选择"新建"→"文件夹"选项，为新建的文件夹命名即可。

图 1-6　新建文件夹

（3）将新建的文件夹命名为"arduinoExcercise"，然后选中这个文件夹，再单击"打开"按钮打开"arduinoExcercise"文件夹，如图 1-7 所示。

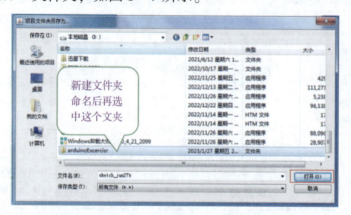

图 1-7　打开"arduinoExcercise"文件夹

（4）打开"arduinoExcercise"文件夹后，在该对话框下方的"文件名"框中将原有的文件名修改为新建的文件名"shiLi1_1"，然后单击右下角的"保存"按钮，文件就被保存起来了，如图1-8所示。

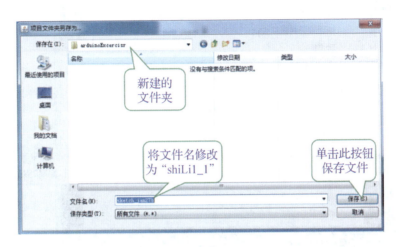

图1-8 保存项目文件"shiLi1_1"

4. 验证程序

单击工具栏中的"验证编译"按钮 ✅，如果源程序没有语法错误，则在信息提示窗口的左上方提示"验证完成"。

5. 上传程序

将验证、编译后的程序上传到Arduino微控制器。步骤如下。

（1）用USB数据线连接计算机与Arduino开发板。

（2）单击工具栏中的"上传"按钮 ➡ 上传程序。程序上传成功后在信息提示窗口的左上方提示"上传成功"，在信息提示窗口的右下方显示端口"COM3"，如图1-9所示。

图1-9 程序上传成功后的相关信息提示

（3）如果计算机上显示多个端口，需要选择当前Arduino开发板的端口号。

选择菜单栏中的"工具"→端口→"串行端口"→端口号，如图1-10所示。

6. 打开文件

新建一个文件。单击工具栏中的"新建"按钮 📄 或选择菜单栏中的"文件"→"新建"选项，弹出Arduino IDE界面。

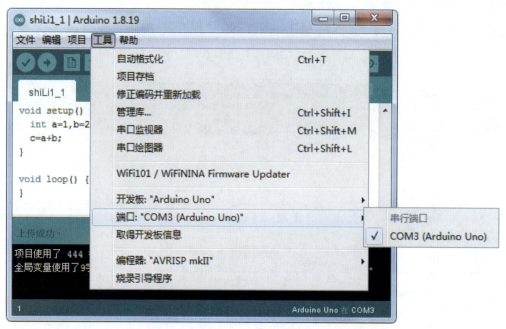

图 1-10 选择端口

（1）从"最近的"文件列表中打开文件。选择菜单栏中的"文件"→"打开最近的"→"shiLi1_1"选项，打开"shiLi1_1"文件，如图 1-11 所示。

（2）从文件夹中打开文件。单击工具栏中的"打开"按钮，在弹出的对话框中找到"arduinoExcercise"文件夹，然后打开"shiLi1_1"文件，如图 1-12 所示。

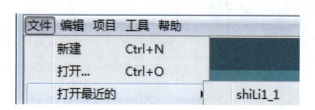

图 1-11 打开文件（1）

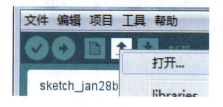

图 1-12 打开文件（2）

1.3 编程实训

【实训1-1】 编写程序，点亮一只 LED 灯。

1. 源程序

程序代码如下。

```
/*实训程序 shiXun1_1 */
void setup() {
  pinMode(3,OUTPUT);
}

void loop() {
  digitalWrite(3,HIGH);
  delay(1000);
```

```
    digitalWrite(3,LOW);
    delay(500);
}
```

2. 上传程序

（1）编写程序。将上面的程序代码在程序编辑区原样输入，程序代码的格式与含义将在接下来的学习中讲解。

（2）验证程序。验证程序时编译器会进行编译，而上传程序时也会进行编译，这样会花费较长的时间，在初学阶段最好先验证程序，不要直接上传程序。

（3）上传程序。用 USB 数据线将教学小车上的 Arduino UNO 主控板（以后一般简称"主控板"）与计算机连接起来，单击工具栏中的"上传"按钮，程序上传成功后拔下 USB 数据线。

3. 搭设 LED 灯电路

将 LED 灯插在面包板上，长引脚连接主控板的数字引脚 3，短引脚连接主控板的引脚 GND。利用 USB 数据线供电。

LED 灯电路搭设示意如图 1－13 所示。

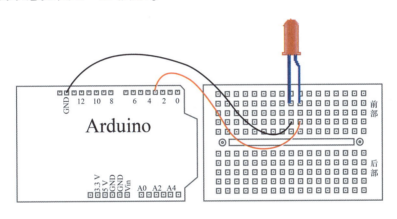

图 1－13　LED 灯电路搭设示意

4. 创意体验

程序上传成功后，LED 灯开始闪烁。

（1）主控板由 USB 接口通过 USB 数据线提供 5 V 电源。

（2）LED 灯每间隔 500 ms 闪亮 1000 ms。

（3）主控板的引脚 3 为数字引脚，它对 LED 灯的输出为数字输出。如果把 LED 灯的长引脚连接到引脚 0～13、A0～A5 中的任何一个引脚，它的闪烁效果是一样的，不过在源程序中要对 LED 灯的引脚号做出相应的修改。例如：

①连接到引脚 12 时，括号内的引脚号分别修改为

```
pinMode(12,OUTPUT);
digitalWrite(12,HIGH);
digitalWrite(12,LOW);
```

②连接引脚 A0 时括号内的引脚号分别修改为

```
pinMode(A0,OUTPUT);
digitalWrite(A0,HIGH);
digitalWrite(A0,LOW);
```
注意，修改引脚后应重新上传程序到主控板。

课后思考

1. 为什么说 Arduino 是一个开源硬件平台？

2. Arduino UNO 主控板的工作电压是多少？

3. Arduino UNO 主控板有哪几种供电方式？它们分别提供多少伏的电压？

4. Arduino UNO 主控板的每个输入/输出引脚最大可输出电流是多少毫安？最大可输入电流是多少毫安？

5. 请在下面正确的说法后面打"√"，在不正确的说法后面打"×"。

（1）Arduino UNO 主控板可以用于数字输入/输出的引脚共有 20 个。（   ）

（2）Arduino UNO 主控板分别有 6 个模拟输入引脚和 6 个模拟输出引脚。（   ）

（3）Arduino UNO 主控板上的 3 个 GND 引脚是相互独立的。（   ）

（4）数字引脚 0 可以用于串口发送（TX），数字引脚 1 可以用于串口接收（RX）。（   ）

第2课

Arduino C 程序的基本架构

2.1 基本要点

2.1.1 为什么用 Arduino C 平台编程

之前学习 C 语言程序设计使用的是 Dev - C + + 平台，但是它甚至无法点亮一只 LED 灯；现在学习的是 Arduino C 编程平台，通过这个平台编写程序可以驱动机器人完成这样或那样的动作。

在 Dev - C + + 和 Arduino C 平台上进行程序设计使用的都是 C 语言，但是它们的作用方式有所不同。可以把 C 语言在 Dev - C + + 平台上看作一种纯软件运行的作用方式，而在 Arduino C 平台上是一种通过软件运行驱动硬件的作用方式。正因为这样，用 Arduino C 平台编程比用 Dev - C + + 平台编程要多出一些额外的东西。

为了理解它们的区别，可以把 Dev - C + + 平台和 Arduino C 平台比作水库，把 C 语言比作水库中的水。水库中的水可以养鱼，可以灌溉农田，也可以饮用，如图 2 - 1 所示。

图 2 - 1　用水库中的水灌溉农田

Dev - C + + 平台相当于既没有灌溉渠道，也没有自来水厂，只能用于养鱼的水库。Arduino C 平台则相当于既有灌溉渠道（可以把水引到农田），也有自来水厂（可以把饮用水送到千家万户）的水库。

因此，Arudino C 平台所多出的东西的主要作用相当于水库的渠道和自来水厂。用 Arduino C 平台编程，就是要利用它的"渠道"与"自来水厂"来满足人们的需要。

2.1.2　Arduino C 平台的特点

（1）Arduino 采用的是 C 语言，Arudino C 的语法、语句、注释及程序的 3 种基本结构等与 C 语言相同。

正因为这样，在后面的 Arduino C 编程学习中不再单独讲解这些知识，而是利用 Arduino C 编程对这些知识做进一步的巩固和复习。

（2）Arduino 的 C 语言有它特有的函数，如 pinMode（）、digitalWrite（）、analogWrite（）、delay（）等，这些函数包含在 Arduino 标准库内。

在这些特有的函数中，如 digitalWrite（）、analogWrite（）等函数的作用就像水库灌溉一样，通过输入/输出引脚这种"渠道"为执行器输送信号或驱动执行器动作。

（3）C 语言的某些库函数在 Arduino C 程序中不能使用，如格式输入/输出函数 scanf（）、printf（）。Arduino 需要用 print（）或 println（）函数从串口输出需要查看的信息。

2.1.3　Arduino C 程序的基本框架结构

图 2－2 所示的例子，是一个 Arduino C 程序的基本框架结构。这个框架结构反映了 Arduino C 程序的基本面貌和主要组成部分。

图 2－2　Arduino C 程序的基本框架结构

1. 基本函数

在图 2-2 中，从上往下有一个 setup( ) 函数和一个 loop( ) 函数，这是 Arduino C 程序的基本框架结构的两个基本函数。两个基本函数首部的后面用花括号括起来的部分为函数体。

每个 Arduino C 程序必须至少包含 setup( )、loop( ) 这两个函数才能运行。即使其中一个函数是空的，甚至两个函数都是空的，它也是一个合法的框架。

1）setup( ) 函数

setup( ) 函数的主要功能是：①定义或初始化变量；②定义传感器或执行器相关引脚的工作模式；③建立串口通信；④执行只需要运行一次的程序任务。

setup( ) 函数在主控板上电或重启后总是只运行一次。

在图 2-2 中，setup( ) 函数执行初始化变量 x、y 的任务。

2）loop( ) 函数

loop( ) 函数是一个循环结构，当 setup( ) 函数体执行最后一条语句后接下来执行 loop( ) 函数。

loop( ) 函数从函数体内的第一条语句执行到最后一条语句后，控制器总是返回 loop( ) 函数的顶端重新开始执行。

在图 2-2 中，loop( ) 函数用于计算 x 与 y 的和。根据 loop( ) 函数的特性，x 与 y 的和会被反复计算无数次。

2. 声明变量

Arduino C 对变量同样要遵循先定义，后使用的原则，因此在使用一个变量前必须对它进行声明。

1）声明局部变量

局部变量在 setup( )、loop( ) 函数或其他函数或复合语句中声明。

2）声明全局变量

全局变量在整个程序的顶部声明，即在 setup( ) 函数的上部声明全局变量。

全局变量可以在程序的任何地方使用。图 2-2 中声明的变量 x、y、z 是全局变量。

在 Arduino 平台上，常常使用全局变量定义引脚号，并用关键字 const 修饰。例如：

```
const int led = 3;
```

上面语句的意义是将 LED 灯的引脚定义为数字引脚 3，数据类型为整型。经过 const 修饰后，这个数据就是一个只读性质的数据，在程序的其他任何地方都不能改变这个数据，增加了数据使用的安全性。

3. 程序注释

图 2-2 中使用了两种注释方式，即段注释 "/＊＊/" 和行注释 "//"。

4. 框架运行流程

每个 Ardunio C 程序都是从最顶行开始一直往下执行，进入 loop( ) 函数后反复循环执行函数体内的语句，永不"结束"。

2.2 应用示例

【示例2-1】 利用串口监视器查看图2-2所示程序的执行结果。

1. 源代码

程序代码如下。

```
/* 示例程序 shiLi2_1 */
int x,y,z;                    // 声明全局变量
void setup() {
    Serial.begin(9600);       // 建立串口通信
    x = 3;
    y = 5;
}

void loop() {
    z = x + y;                // 计算表达式 a + b 的值
    Serial.print("z = ");     // 串口输出(不换行)
    Serial.println(z);        // 串口输出(换行)
    delay(1000);              // 延时 1000 毫秒
}
```

说明如下。

（1）在 setup() 函数中，"Serial. begin(9600);"为建立串口通信的语句，括号中的参数 9600 为串口通信速度，称为波特率。今后使用串口监视器时，都在 setup() 函数中使用这种语句格式。

（2）在 loop() 函数中，"Serial. print();"为串口输出时不换行的输出语句，"Serial. println();"为输出时换行的输出语句。（"z = "）为输出字符串，（z）为输出一个数值。现在，只要记住这两个输出语句的语法格式和用法就行了。

（3）"delay(1000);"是调用 Arduino 库函数中的延时函数的语句。该函数的语法格式如下。

```
delay(time)
```

time 是一个时间参数，它的单位是毫秒（ms）。

2. 上传程序

对源程序进行保存、验证，然后上传到主控板。

查看程序执行结果。

（1）用 USB 数据线连接主控板与计算机。

（2）单击工具栏中的"串口监视器"按钮 ，打开串口监视器。

在串口监视器中，每隔 1 s 输出一次计算结果，如图 2-3 所示。

单击这里可以查看不同的串口通信速度

图 2－3　查看串口监视器

2.3　编程实训

【实训 2－1】　编写程序，找出 1～100 中能被 3 或 7 整除的前 10 个数，并输出结果。

1. 编写程序

在之前的 C 语言程序设计课程中做过同样的实训练习。这里训练的目的是体验 C 语言程序与 Arduino C 语言程序设计风格的异同。

2. 源代码

程序代码如下。

```
/*实训程序 shiXun2_1 */
int i,sum = 0;                    //声明全局变量并初始化 sum
void setup() {
    Serial.begin(9600);          //建立串口通信
}

void loop() {
    Serial.println("能被 3 或 7 整除的前 10 个数:");
    for(i =1;i <=100;i ++)
    {
        if(i%3 ==0 ‖ i%7 ==0)    //判断能否被 3 或 7 整除
        {
            Serial.print(i);
            Serial.print(",");
            sum ++;
            delay(500);
            if(sum ==10)
            break;
        }
    }
    while(1);                     //无限循环,即让程序永远停止在这里
}
```

3. 与 C 语言程序的比较

实训程序 shiXun2_1 与 C 语言程序的不同点如下。

（1）变量一般在程序顶部声明为全局变量。

（2）打印数据需要建立串口通信，并在 setup( ) 函数中初始化。

（3）程序中数据输出的函数形式、输出方式来自丰富的 Arduino 库函数，它与 C 语言程序的格式输出函数有所不同。

（4）程序执行没有终点，它始终在 loop( ) 函数内循环执行。

（5）C 语言程序的运行总是从 main( ) 函数开始，而 Arduino C 程序的运行总是从程序的最顶端开始。

通过实训程序 shiXun2_1 了解 Arduino C 程序与 C 语言程序的不同点，有助于进一步认识 Arduino C 程序设计的风格与特点，以便比较顺利地进入后面 Arduino C 程序设计的学习与训练。

4. 运行程序

上传程序后打开串口监视器，实训程序 shiXun2_1 串口输出如图 2 -4 所示。

COM3
能被3或7整除的前10个数：
3,6,7,9,12,14,15,18,21,24,

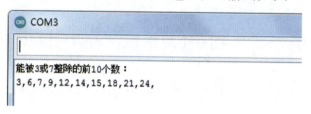

图 2 -4　实训程序 shiXun2_1 串口输出

注：实训程序 shiXun2_1 只需要执行一次，因此最好把在 loop( ) 函数中实现的计算功能放在 setup( ) 函数中，如图 2 -5 所示。

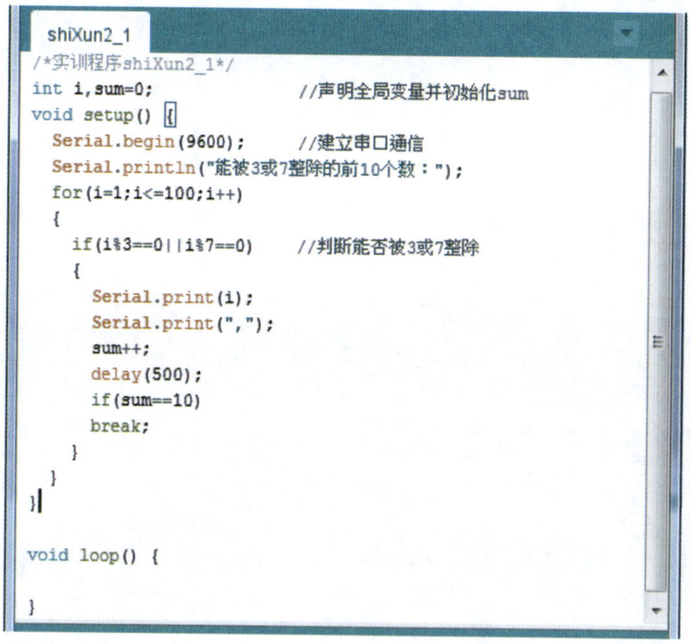

shiXun2_1
/*实训程序shiXun2_1*/
int i,sum=0;　　　　　　//声明全局变量并初始化sum
void setup() {
Serial.begin(9600);　　　//建立串口通信
Serial.println("能被3或7整除的前10个数：");
for(i=1;i<=100;i++)
{
if(i%3==0||i%7==0)　　　//判断能否被3或7整除
{
Serial.print(i);
Serial.print(",");
sum++;
delay(500);
if(sum==10)
break;
}
}
}
void loop() {
}

图 2 -5　实训 2 -1 由 setup( ) 函数实现

1. Arduino C 程序有哪些特点？

2. Arduino C 程序基本框架的基本函数是什么？

3. 从程序执行的角度来看，setup（）函数和 loop（）函数有什么区别？setup（）函数的主要功能是什么？

4. Arduino C 程序的全局变量一般在什么位置声明？

5. const 关键字的作用是什么？

6. 编写程序，计算半径为 r 的圆的面积（r = 2），从串口监视器查看计算结果。

第 2 单元
数字输入与输出

- 数字信号的相关概念

- pinMode( ) 函数

- digitalRead( ) 函数

- digitaWrite( ) 函数

数字信号

3.1 基本要点

3.1.1 什么是数字信号

在图形化编程学习中讲到，数字信号是指用 0 和 1 两种状态表示信息的信号（见第 7 册第 2 课），这是从 Arduino 的数字输入与输出的角度表述的。

数字信号，是指在时间和数值上均具有离散性（不连续）的信号。它在输入/输出电路中只反映 0 和 1 两种状态，如图 3-1 所示。

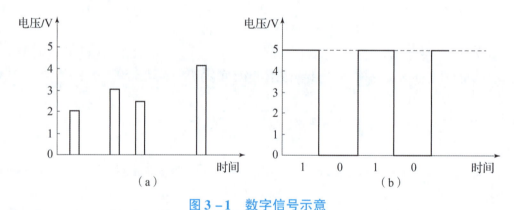

图 3-1 数字信号示意
（a）数字信号（离散性）；（b）数字信号（引脚输出）

3.1.2 高电平与低电平

所谓高电平与低电平，是对应于数字信号 1 和 0 划分的一个电压高低的水平。在 Arduino C 程序中，一般数字信号 1 用 HIGH 表示，代表高电平；数字信号 0 用 LOW 表示，代表低电平。

数字信号的输入状态与输出状态对应的电平标准是不同的，即输入状态下高电平与低电平对应的电压范围与输出状态下对应的电压范围不同。

Arduino UNO 的工作电压是 5 V，输入与输出状态下高电平与低电平对应的电压范围如下。

输入状态：输入电压在 3~5 V 范围内为高电平；输入电压在 0~2 V 范围内为低电平；输入电压在 2~3 V 范围内为不稳定状态。

输出状态：高电平时输出电压为 5 V；低电平时输出电压为 0 V。

输入/输出状态下电压与电平的关系如图 3-2 所示。

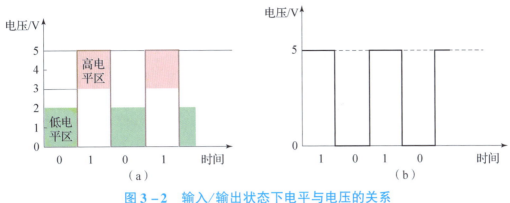

图 3-2　输入/输出状态下电平与电压的关系
(a) 输入状态；(b) 输出状态

3.1.3　电路的接地（GND）

接地是一个电路系统中电压的公共参考点，系统中所有元器件的地（GND）都应该连接到这个参考点。

一个电路中电压的高低是相对于"地"这个参考点而言的。如果将参考点设在一个电源电路中的某一位置，则参考点沿正极方向以上的电压为正电压，沿正极方向以下的电压为负电压，如图 3-3 所示。

由此可见，一个电路中的高电平与低电平是相对于电源电路中的参考点而言的。在为主控板连接任何传感器与执行器时，都应该把它们的接地引脚连接到主控板的接地引脚（GND），即将它们连接到一个公共的参考点。否则，系统会表现得非常不稳定。

例如，用主控板控制一只 LED 灯和一个蜂鸣器时，应将它们的接地引脚（GND）连接到主控板的接地引脚（GND），如图 3-4 所示。

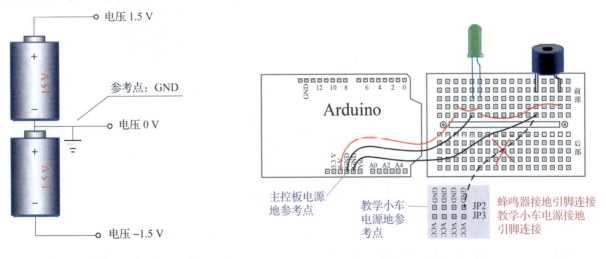

图 3-3　参考点示意　　　　　　图 3-4　执行器接地引脚连接示意

3.2 应用示例

【示例 3 – 1】 从串口监视器察看触碰传感器的数字信号。

1. 源代码

程序代码如下。

```
/*示例程序 shiLi2_1 */
int a;
void setup() {
  Serial.begin(9600);
  pinMode(4,INPUT);
}

void loop() {
  a = digitalRead(4);
  Serial.println(a);
  delay(500);
}
```

说明：源代码中橙色部分的代码分别为定义引脚与读取信号的函数，相关知识将在接下来的课程中讲解。

2. 连接触碰传感器

将触碰传感器插在面包板上，信号引脚 OUT 连接主控板的数字引脚 4，电源引脚 VCC、GND 依次连接主控板的引脚 5 V、GND，如图 3 – 5 所示。

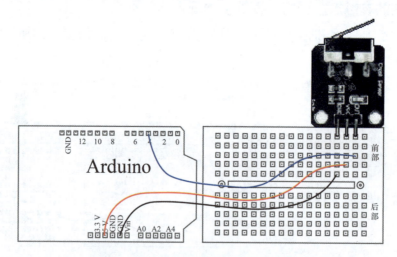

图 3 – 5 触碰传感器电路搭设示意

3. 运行程序

上传示例程序 shiLi2_1 到主控板，然后打开串口监视器，用手轻轻按压触碰传感器。当触碰传感器未被按下时，主控板的数字引脚 4 为高电平状态，数字信号为 1；当触碰传感器被按下时，主控板的数字引脚 4 为低电平，数字信号为 0，如图 3 – 6 所示。

触碰传感器被按下

触碰传感器未被按下

图 3 - 6　示例程序 shiLi2_1 运行结果

【示例 3 - 2】　用电位器改变主控板引脚的输入电压，从串口监视器察看高、低电平的范围。

1. 分析

高电平与低电平的范围是人为规定的。在实验中，将电位器输出的电压加载在主控板上的一个模拟输入引脚上，从串口读出它的电压是多少；同时，将同样大小的电压加载在任意一个数字引脚上，看这个电压对应的数字信号是多少，如果为 0 则这时的电压为低电平，如果为 1，则这时的电压为高电平。

将电位器输出端的电压分别加载在模拟输入引脚 A0 和数字引脚 5 上，这时引脚 A0 与引脚 5 的电压是相等的。为什么相等呢？这里需要回顾前面所学的知识。

由第 5 册第 4 课"并联电路"知道：并联电路两端的电压相等。如图 3 - 7 所示，R_1、R_2、R_3 两端的电压是相等的，即 $U_1 = U_2 = U_3 = U$。

根据并联电路中电压的这一特点，那么引脚 A0 和引脚 5 输入的电压也是相等的，如图 3 - 8 所示。

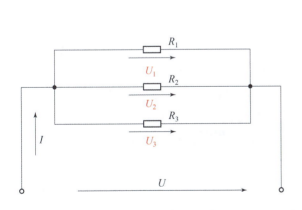

图 3 - 7　并联电路示意

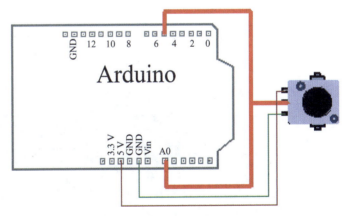

图 3 - 8　电位器输出端引脚连接示意

2. 源代码

程序代码如下。

```
/*示例程序 shiLi3_2 */
int p5,vA0;
float v;
```

```
void setup() {
  Serial.begin(9600);
  pinMode(5,INPUT);
}

void loop() {
  vA0 = analogRead(A0);
  v = 5.0 * vA0 / 1023;
  Serial.print("V:");
  Serial.print(v);
  Serial.print(" ; ");
  p5 = digitalRead(5);
  Serial.print("S:");
  Serial.println(p5);
  delay(2000);
}
```

说明如下。

（1）该示例重点在于通过实际观察，进一步增加对高电平与低电平的感性认识。

（2）p5 为数字引脚 5 的电平信号变量；vA0 为模拟输入引脚 A0 的模拟电压变量，它的数值范围为 0 ~ 1023；v 为 vA0 换算而来的 0 ~ 5 V 的电压，换算原理见第 7 册第 8 课"模拟输入"。

（3）代码中有的函数目前尚未学习，暂且不去深究。

3. 电位器电路搭设

将电位器插在教学小车左前方的引脚 JS6 上，从引脚 JS5 将输出端（电位器的中间引脚）分别接入主控板模拟输入引脚 A0 和数字引脚 5，再将电位器的另外两个引脚分别接入主控板电源引脚 5 V、接地引脚 GND，如图 3 - 8 所示。

4. 运行程序

将程序上传到主控板，打开串口监视器后慢慢旋转电位器的旋钮，观察分析电压与电平的关系。

如图 3 - 9 所示，当电压在 0 ~ 2.4 V 范围内时为低电平，即数字信号为 0；当电压在 2.7 ~ 5.0 V 范围内时为高电平，即数字信号为 1。

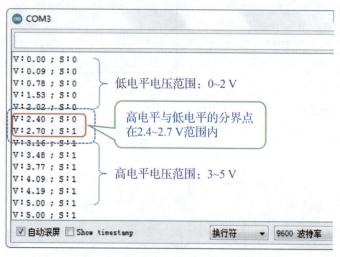

图 3 - 9　电压与高/低电平的关系实验

如果细心操作，不使电位器和跳线发生抖动，还可以将信号0和1之间的电压范围从2.4~2.7 V压缩到最小。但是没有这个必要，在实际应用中只要用一个比较大的区间将高电平与低电平的范围隔开即可。例如，只要电压大于3 V就是高电平，只要电压小于2 V就是低电平。

从上面的实验与分析可以看出，用主控板控制机器人的行为的时候，如果机器人的电源电压低于2.4~2.7 V，为机器人执行器输出高电平信号是不起作用的，这时机器人会无法完成指定的动作。同样，传感器也无法为机器人输入高电平信号。

3.3　编程实训

【实训3-1】　用触碰传感器在主控板数字引脚4输入高电平与低电平。高电平在串口输出字符"冂"，低电平在串口输出字符"_"。

1. 编写程序

1）分析

将触碰传感器的信号引脚连接到主控板的数字引脚4，当触碰传感器未被按下时引脚4为高电平状态HIGH，当触碰传感器被按下时引脚4为低电平状态LOW。

2）源代码

程序代码如下。

```
/* 实训程序 shiXun3_1 */
int s;                        //声明数字信号变量
void setup() {
  Serial.begin(9600);
  pinMode(4,INPUT);
}
void loop() {
  s = digitalRead(4);         //读取引脚4的数字信号
  if(s == LOW)
  {
    Serial.print("__");       //如果引脚4为低电平则输出"_"
  }
  if(s == HIGH){
    Serial.print("冂");       //如果引脚4为高电平则输出"冂"
  }
  delay(1000);
}
```

3）程序注解

（1）第一个if语句的功能是：选择按下触碰传感器（s == LOW）时输出低电平字符"_"。

（2）第二个if语句的功能是：选择没有按下触碰传感器（s == HIGH）时输出高电平字符"冂"。

2. 电路搭设

触碰传感器的电路连接如图 3–5 所示。

3. 运行程序

上传程序后打开串口监视器，按下或松开触碰传感器。常开状态下串口连续打印字符"冂"，长按状态下串口连续打印字符"_"，如图 3–10 所示。

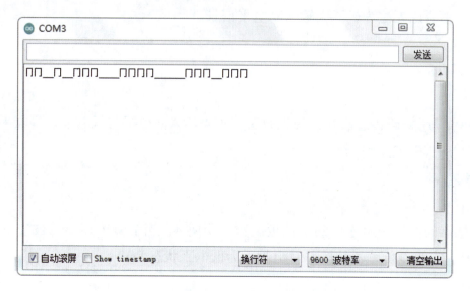

图 3–10　串口监视器显示高电平与低电平信号

 课后思考

1. 简述什么是数字信号。

2. 什么是高电平和低电平？

3. 主控板的工作电压为 5 V，高电平和低电平对应的电压范围分别是多少？

4. 下面说法中，正确的在后面的括号中打"√"，不正确的在后面的括号中打"×"。

（1）高电平或低电平是对数字信号而言的（　　　）

（2）模拟输入引脚 A0～A5 不能用来输入或输出数字信号，即不能输入或输出高电平或低电平。（　　　）

（3）当主控板上电池的电压低于 2 V 时，传感器或执行器会处于不稳定的工作状态。（　　　）

（4）在正常工作电压状态下，当一个数字引脚输出高电平时，它输出的电压可能是 3 V、4 V 或 5 V。（　　　）

5. 仔细检查，图 3–11 所示元器件的电路搭设有 2 处错误，请把它们指出来并纠正。（图中红色线为电源线 VCC，黑色线为接地线 GND，绿色线为信号线和电位器输出线）

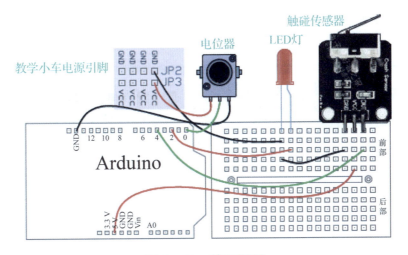

图 3 – 11　第 5 题图

第4课

引脚定义函数 pinMode( )

4.1 基本要点

4.1.1 pinMode( )函数

pinMode( )是 Arduino 的内建函数。它的功能是设置数字引脚的工作模式。

像使用变量一样，在使用主控板的数字引脚之前要对引脚进行定义，即对引脚号及引脚的工作模式进行设置。在程序中，如果使用一个没有事先定义的数字引脚，则这个引脚不会正常工作。

1. pinMode( )函数的调用形式

定义一个数字引脚，需要调用 pinMode( )函数。调用形式如下。

```
pinMode(pin,mode)
```

2. pinMode( )函数的参数

pinMode( )函数中有两个参数 pin 和 mode，pin 代表引脚号，mode 代表引脚工作模式（或叫作引脚状态）。

1）引脚号参数 pin

pin 可以是一个直观的引脚号如 3、11，也可以是一个引脚变量如 redPin。当模拟输入引脚用作数字引脚时，pin 的引脚范围为 0 ~ 13、A0 ~ A5。

2）引脚工作模式参数 mode

用作数字引脚的工作模式参数 mode 有 3 种，即 OUTPUT、INPUT、INPUT_PULLUP。

OUTPUT 模式：用作引脚的数字输出，输出数字信号 0 或 1。

INPUT 模式：用作引脚的数字输入，输入数字信号 0 或 1。Arduino UNO 默认的引脚工作模式为输入模式。

INPUT_PULLUP：用作内部上拉数字信号输入，输入数字信号 0 或 1。

在上面 3 种模式中，主要掌握 OUTPUT 模式和 INPUT 模式的使用方法。

3）参数书写

两个参数之间用逗号隔开，参数 mode 必须是大写，如定义数字引脚 6 为数字输出，定义数字引脚 10 为数字输入，参数书写格式如下。

pinMode(6,OUPUT);

pinMode(10,INPUT);

如果将引脚 6 用变量 redPin 命名，将引脚 10 用变量 sensorPin 命名，则函数参数可以写为如下形式。

pinMode(redPin,OUTPUT);

pinMode(sensorPin,INPUT);

2. pinMode()函数的位置

pinMode()函数的功能是定义一个数字引脚的工作模式，而这个数字引脚的工作模式只需要定义一次就行了，因此把它放在 setup()函数内。这样，使程序在执行 loop()函数之前调用 pinMode()函数，且只调用一次。

4.1.2 上拉电阻电路

上拉电阻电路就是在电源 VCC 与数字引脚之间接入一个电阻形成的电路。上拉电阻电路的作用是将一个数字引脚的电压上接到电源 5 V，以避免出现任何不受控制的输入/输出电平。上拉电阻的阻值一般为 10 kΩ。

如图 4 – 1 所示，上拉电阻电路由电源（VCC、GND）、电阻、数字引脚和电源开关 4 部分组成。电阻被接入电源 VCC 与数字引脚之间，称为上拉电阻。

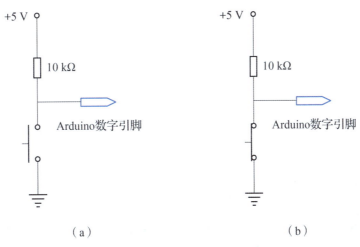

图 4 – 1 上拉电阻电路示意
（a）开关断开；（b）开关闭合

电路中，当开关断开时，数字引脚通过电阻和 5 V 电源连接，数字引脚产生高电平；当开关闭合时，数字引脚和地连接，数字引脚产生低电平。

4.1.3 下拉电阻电路

下拉电阻电路就是在数字引脚与地之间接入一个电阻。下拉电阻电路的作用是将一个数字引脚的电压下拉到地，它的意义及电路的组成部分与上拉电阻电路相同，只是电阻接入的位置有所不同。

下拉电阻电路示意如图4-2所示。

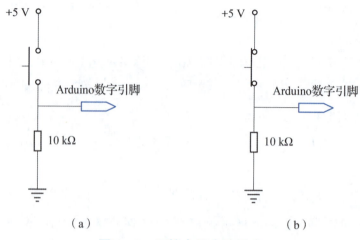

图4-2　下拉电阻电路示意

（a）开关断开；（b）开关闭合

电路中，当开关断开时，数字引脚通过电阻与地连接，产生低电平；当开关闭合时，数字引脚和5 V电源连接，产生高电平。

在上拉电阻电路和下拉电阻电路中，无论开关断开或闭合电路都处于一种确定的电平状态。

需要注意的是，当数字输入引脚的工作模式设置为INPUT时，应当避免图4-3所示的两种电路连接。

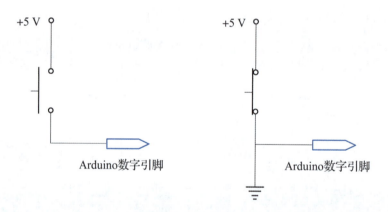

图4-3　数字输入引脚电路的错误连接

在图4-3中，左边的电路当开关断开时，数字引脚既没有连接到5 V电源，也没有连接到地，处于一种既不受高电平控制，也不受低电平控制的状态。这种情形称为引脚悬空，这时引脚的电平信号可能为0，也可能为1，是一种不可信的电平信号。

右边的电路当开关闭合时，5 V电源直接与地连接，这会造成短路甚至损害元器件。

图4-1和图4-2所示的两种电路，又分别叫作外部上拉电阻电路和外部下拉电阻电路。

除此以外，在ATmega328微控制器的输入/输出引脚内部嵌入了上拉电阻，称为内部上拉电路。定义一个数字引脚为输入模式时，如果使用内部上拉电路，则函数调用形式如下。

```
pinMode(pin,INPUT_PULLUP)
```

当使用内部上拉电路时，不需要再搭设外部的上拉电阻电路，只需要将这个数字输入引脚的工作模式设置为 INPUT_PULLUP。

4.2 应用示例

【**示例 4 – 1**】 编写程序，点亮两只 LED 灯。

1. 分析

将两只 LED 灯分别连接到数字引脚 3 和 4，只对其中一只 LED 灯调用 pinMode( ) 函数定义它的引脚，看看两只 LED 灯是否能同样正常亮起。

2. 源代码

程序代码如下。

```
/*示例程序 4 – 1*/
const int led1 = 3;   //将 led1,led2 的引脚 3,4 定义为只读全局变量
const int led2 = 4;
void setup() {
  pinMode(led1,OUTPUT);        //定义 led1 引脚的工作模式为输出
  //pinMode(led2,OUTPUT);
}

void loop() {
  digitalWrite(led1,HIGH);     //点亮 led1
  digitalWrite(led2,HIGH);     //点亮 led2
}
```

在 setup( ) 函数体内调用函数 pinMode( )，定义两只 LED 灯的引脚号与工作模式，然后先将引脚号为 led2 的 LED 灯的引脚定义函数注释掉。

在 loop( ) 函数中为点亮两只 LED 灯的函数调用语句。

3. 连接 LED 灯

将两只 LED 灯的长引脚分别连接主控板的数字引脚 3、4，短引脚连接主控板的引脚 GND，如图 4 – 4 所示。

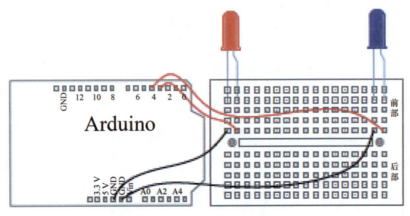

图 4 – 4　LED 灯电路搭设示意

4. 运行程序

上传程序，led1（红色灯）正常亮起，led2（蓝色灯）由于没有对它的引脚和工作模式进行定义，不能正常亮起。

接下来，在 setup( ) 函数中打开 led2 的引脚定义函数，即去掉注释符，然后上传程序，两只 LED 灯都正常亮起。

4.3　编程实训

【实训 4 –1】　用按键开关搭设一个下拉电阻电路，当按下按键开关时蜂鸣器鸣叫 3000 ms，然后停止鸣叫。

1. 编写程序

1）分析

按键开关在常态下是断开的，只有当按键开关被按下时，引脚 1 和引脚 2 才接通，如图 4 –5 所示。

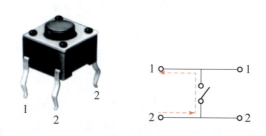

图 4 –5　按键开关实物与电路图

将按键开关的一个引脚与一个数字引脚连接，在这个数字引脚与地之间接入一个电阻，构成下拉电阻电路，如图 4 –6 所示。

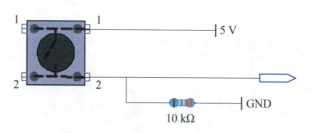

图 4 –6　按键开关下拉电阻电路示意

在图 4 –6 中，橙色虚线表示按键开关的内部电路。常态下引脚 1 和引脚 2 是断开的，这时由数字引脚、电阻、地（GND）组成下拉电阻电路，当按键开关未被按下时数字引脚为低电平，当按下按键开关时数字引脚为高电平。

将图 4 –6 所示的按键开关的数字引脚线连接主控板的数字引脚 8，将蜂鸣器的信号引脚连接主控板的数字引脚 9。

2）源代码

程序代码如下。

```
/*实训程序4_1*/
const int swPin = 8;            //按键开关信号引脚
const int buPin = 9;            //蜂鸣器引脚
int s;                         //按键开关电平信号变量

void setup() {
  pinMode(swPin,INPUT);        //定义按键开关引脚及工作模式
  pinMode(buPin,OUTPUT);       //定义蜂鸣器引脚及工作模式
}

void loop() {
  s = digitalRead(swPin);      //输入函数,读取按键开关引脚电平信号
  delay(100);
  if(s == LOW)
  {
    digitalWrite(buPin,LOW);   //输出函数,蜂鸣器停止鸣叫
  }
  if(s == HIGH)
  {
    digitalWrite(buPin,HIGH);  //蜂鸣器鸣叫
    delay(3000);
  }
}
```

2. 电路搭设

1）按键开关

如图4-7所示，将按键开关插在面包板中部，左端引脚连接主控板的数字引脚8，右端引脚在面包板上与小车电源引脚连接，再搭设下拉电阻电路。

下拉电阻电路：将10 kΩ电阻的一端连接到按键开关引脚的后面，另一端通过跳线连接主控板的引脚GND。

2）蜂鸣器

将蜂鸣器的长引脚连接主控板的数字引脚9，短引脚连接主控板的引脚GND，如图4-7所示。

3）电源

将教学小车的电源引脚VCC连接到面包板，并与按键开关的电源引脚连接，再从这里将电源引脚VCC连接主控板的引脚5 V，最后将教学小车电源地（GND）与主控板的引脚GND连接，如图4-7所示。

3. 运行程序

上传程序，然后拔下数据线并打开教学小车电源开关。

程序运行时蜂鸣器处于静音状态，按下按键开关后蜂鸣器鸣叫3000 ms。

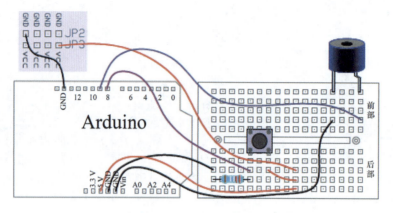

图 4 - 7　实训 4 - 1 元器件电路连接示意

 课后思考

1. pinMode( )函数的功能是什么？它一般在什么位置定义？

2. 下面的选项中错误的是（　　　　）。

A. pinMode(13，INPUT)

B. pinMode(2，OUTPUT)

C. pinMode(switchPIN，INPUT_PULLUP)

D. pinMode(redPin，output)

3. 什么是上拉电阻电路和下拉电阻电路？它们的作用是什么？

4. 上拉电阻电路和下拉电阻电路中的电阻分别在什么位置？画出它们的电路图。

5. 编写程序并体验效果。用外部上拉电阻电路控制蜂鸣器鸣叫。当按键开关在常态下时蜂鸣器为静音，当按键开关被按下时蜂鸣器鸣叫 3000 ms。（用教学小车电源供电）。

提示：电路搭设示意参见图 4 - 8，输入、输出函数参见实训程序 4 - 1。

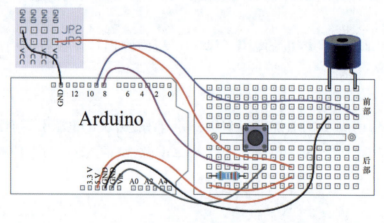

图 4 - 8　第 5 题图

第5课

数字输入函数 digitalRead( )

5.1 基本要点

5.1.1 digitalRead( )函数

digitalRead( )是 Arduino 的内建函数。它的功能是读数字引脚的数字信号，也就是读取数字传感器输送给数字引脚的电平信号。

数字传感器将获取的信息转换成高电平或低电平信号，输入主控板的一个数字引脚。程序中，在需要使用数字传感器所获取的信息时，调用 digitalRead( )函数读取传感器的数字信号。这个过程简称为"读数字信号"，如图 5-1 所示。

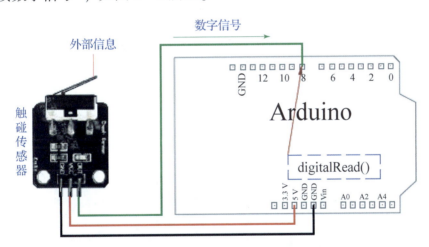

图 5-1 digitalRead( )函数读数字信号示意

1. digitalRead( )函数的调用形式

digitalRead( )函数的调用形式如下。

```
digitalRead(pin)
```

2. 函数参数 pin

digitalRead( )函数只有一个参数 pin，它只能是数字引脚 0～13 或定义为数字引脚 A0～A5。参数的形式可以是一个常量如 3，也可以是一个变量如 sensorPin。

如果用 digitalRead( )函数读一个引脚的数字信号，则这个引脚的工作模式必须设置为 INPUT，即工作模式为输入。

例如，读触碰传感器在主控板数字引脚8输入的信号，则

```
…
pinMode(8,INPUT);
…
digitalRead(8);
```

5.1.2 digitalRead( )函数的使用方式

用 digitalRead( ) 函数读数字信号的方式，取决于它在程序中的作用与位置。

1. 赋值方式

如果一个数字输入引脚的数字信号被定义为一个变量，则在使用 digitalRead( ) 函数的时候，将它的函数值赋给这个变量。例如，定义数字引脚8的数字信号变量为 sPin，则

```
…
sPin = digitalRead(8);
if( sPin == HIGH)
…
```

2. 直接使用方式

有时候可以直接使用 digitalRead( ) 函数来代替一个变量。例如，上面 if 语句中表达式的变量 sPin 可以用 digitalRead(8) 代替，原来的两行代码只要一行即可，即

```
if(digitalRead(8) == HIGH)
```

这是一种紧凑代码，恰当地运用会使代码变得更加简洁清晰。

5.2 应用示例

【示例 5 - 1】 小齿轮转了多少圈（一）。

用红外传感器（见第5册第10课）测算小齿轮转动的圈数。在被测的小齿轮转轴上装上一个白色积木圆盘及黑色积木连接器，用一个大齿轮带动小齿轮转动，红外传感器正对白色积木圆盘，如图 5 - 2 所示。

（a）　　　　　　　　　　　　　　　　（b）

图 5 - 2　红外传感器测数装置

（a）红外传感器测数面正面；（b）红外传感器测数面背面

1. 测数原理

红外传感器照射到白色物体时输出高电平信号1，照射到黑色物体时输出低电平信号0。白色积木圆盘上的黑色物体每经过一次红外探头时，红外传感器就会输出一次低电平信号。于是，在小齿轮转动时只要将低电平信号记录下来，就能知道它在某段时间内转动多少圈。

2. 源代码

程序代码如下。

```
/*示例程序5_1*/
int state,n=0;
const int sPin=5;              //定义红外传感器引脚变量
void setup() {
  Serial.begin(9600);
  pinMode(sPin,INPUT);         //定义引脚5为输入模式
}

void loop() {
  state=digitalRead(sPin);     //读红外传感器数字信号
  if(state==LOW)
    n=n+1;                     //记录齿轮转过的圈数
  if(n%10==0&&n>=10)
    Serial.println(n);         //每10圈打印一次
  delay(50);
  if(n>=50)
    while(1);
}
```

代码说明如下。

（1）state=digitalRead(sPin)为赋值使用方式，将从数字输入引脚5读取的数字信号值赋给变量state。

（2）if(state==LOW)用于判断红外传感器是否检测到黑色物体，如果检测到黑色物体则开始计数，即n=n+1。

（3）if(n%10==0&&n>=10)中的表达式n%10==0用于控制每转过10圈就将圈数打印出来；表达式n>=10用于控制在转过10圈以后开始打印，不然程序上传后会迅速打印许多"0"。

（4）while(1)语句用于停止程序继续往下执行，以便于分析程序执行结果。

3. 搭建计数装置

计数装置搭设示意如图5-3所示。

（1）将红外传感器插在教学小车右前部的JS2引脚接口上，如图5-3（a）所示。

（2）在教学小车前部搭建齿轮传动装置基座，如图5-3（b）所示。

（3）搭建齿轮传动装置，如图5-3（c）所示。

（4）组装，如图5-3（d）所示。

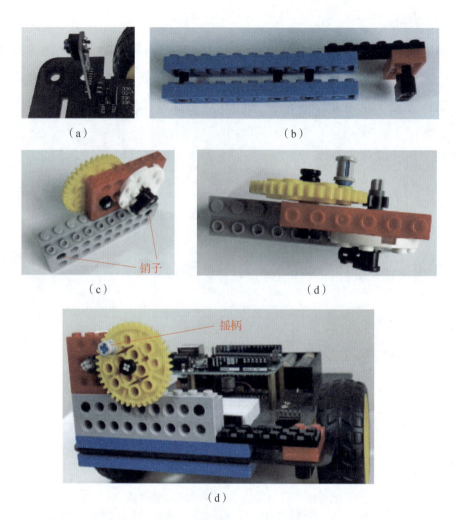

（a） （b）

销子

（c） （d）

摇柄

（d）

图 5 – 3　计数装置搭设示意

（a）红外传感器安装；（b）齿轮装置基座搭建；（c）齿轮传动装置搭建；（d）组装

4. 搭设电路

从引脚 JS1 上将红外传感器的信号引脚 OUT、电源引脚 VCC、接地引脚 GND 依次连接主控板的数字引脚 5、电源引脚 5 V、电源地引脚 GND，如图 5 – 4 所示。

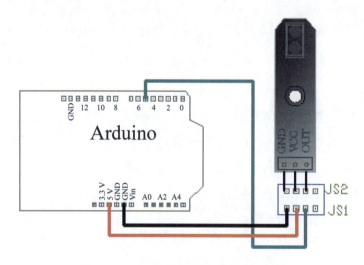

图 5 – 4　红外传感器电路搭设示意

5. 运行程序

上传程序，打开串口监视器。握住大齿轮上的摇柄轻轻转动，串口监视器显示数据如图5－5所示。

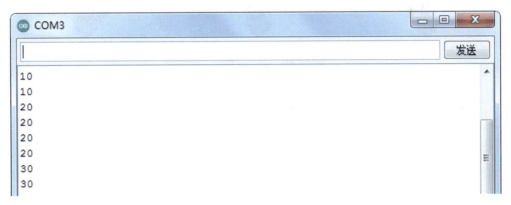

图5－5　示例5－1程序运行结果的部分数据

6. 程序运行结果分析

示例5－1程序的优点是思路正确、简单易懂。但是，它有一个致命的缺点，即程序的某些细节不严谨。

所谓细节决定成败，因此可以说这个程序是不成功的。

例如：①图5－5中的重复数据，是红外传感器的探头照射在黑色物体上的时间比较长所产生的，程序没有考虑这个细节；②程序中使用了延时函数 delay(50)，这时程序在50 ms内不执行其他任何操作，但仍在旋转着的黑色物体可能在这50 ms内扫了过去，导致漏掉圈数；③程序开始运行后，始终让黑色物体对准红外探头（红外传感器信号灯不亮）而不做任何转动，串监视器会不停地从10打印到50，这说明图5－5所示的数据是不可靠的。

为什么要用一个不严谨的程序作示例呢？

它的作用在于：①熟悉 digitalRead( ) 函数的应用；②厘清程序的基本思路；③通过实践找出问题，有助于下一步完善程序。

想一想：怎样完善这个程序？

5.3　编程实训

【实训5－1】　小齿轮转了多少圈（二）。

完善示例5－1程序。

1. 编写程序

1）原因分析

示例5－1程序所记录的数据不可靠的主要原因，在于没有处理好红外光线在黑色物体上的滞留问题。

如图5－6所示，把红外光线在物体上的照射视为一个点，红色小圆点表示红外传感器发射的探测光线，黑色物体做逆时针旋转。

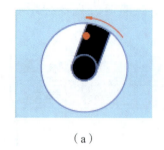 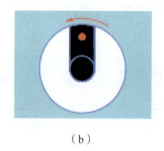 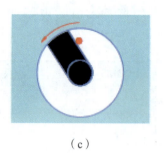
（a）　　　　　　　　　　（b）　　　　　　　　　　（c）

图 5 – 6　数字引脚 5 输入状态转换示意

当黑色物体转到图 5 – 6（a）所示的位置时，红外光线从白色物体切换到黑色物体，这时红外传感器信号从高电平 HIGH 切换到低电平 LOW，满足程序中 if（state == LOW）的条件，累加器 n 开始计数 n + 1。

当黑色物体转到图 5 – 6（b）所示的位置时，红外传感器探测到的仍然是黑色物体，也满足 if（state == LOW）的条件，累加器仍然继续计数，即 n 再加 1。

当黑色物体旋转到图 5 – 6（c）所示的位置时，循环函数 loop（）循环了多少次，累加器 n 就会累加多少个 1。这就是为什么只要红外探头对准黑色物体，即使黑色物体没有转动仍然会打印 10 ~ 50 的数据。同样的道理，串口监视器也会重复打印转过的圈数。

2）解决红外光线滞留问题

根据上面的原因分析，解决问题的办法是让累加器 n 每圈只计数一次，即红外光线刚从高电平（白色）切换到低电平（黑色）时程序执行 n + 1 指令，而在红外光线仍然照射在黑色物体上的时间内不再计数。

（1）用存储 digitalRead（）函数值的变量存储红外传感器从高电平（白色）切换到低电平（黑色），或从低电平（黑色）切换到高电平（白色）的两种状态。

（2）命名最新读取的数字信号的变量为 state，命名上一次读取的数字信号的变量为 lastState。

（3）用 if 语句判断前后两次读取的数字信号是否发生了变化，如果发生了变化则累加器 n 加 1，如果没有变化则累加器不重复计数，如图 5 – 7 所示。

根据上述思路，示例 5 – 1 程序中的条件判断语句

```
if( state == LOW)
  n = n + 1;                    //记录齿轮转过的圈数
```

要修改为对前后两种状态（state、lastState）的判断。修改后的 if 语句如下。

```
if( state == LOW&&lastState! = LOW)
｛
  n = n + 1;                    //记录齿轮转过的圈数
  …
｝
lastState = state;
```

在上面的程序段中，if 条件表达式是 loop（）函数每循环一次后将本次电平状态（state）与上

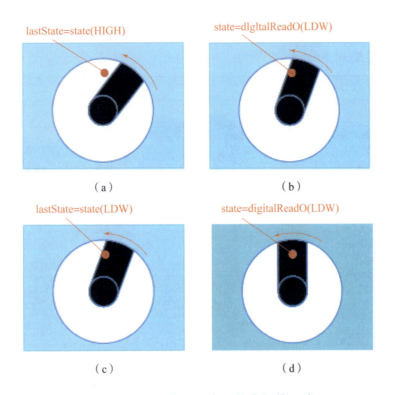

lastState=state(HIGH)　　　　state=dlgltalReadO(LDW)

（a）　　　　　　　　　　　（b）

lastState=state(LDW)　　　　state=digitalReadO(LDW)

（c）　　　　　　　　　　　（d）

图 5 - 7　红外传感器电平状态切换示意

一次循环时的电平状态（lastState）进行比较，如果两次的电平状态相同，即 state == LOW，lastState ==LOW 时条件不成立，不执行 if 语句，否则条件成立，执行 if 语句进行一次累加。

　　赋值语句"lastState = state；"是将本次的电平状态保存起来，供下一次 loop( ) 函数循环时比较。

3）源代码

程序代码如下。

```
/*示例程序5_1*/
const int sPin =5;              //定义红外传感器引脚变量
int state,lastState,n =0;
void setup() {
 Serial.begin(9600);
 pinMode(sPin,INPUT);           //定义引脚5为输入模式
}

void loop() {
  statc =digitalRcad(sPin);     //读红外传感器数字信号
  if(state ==LOW&&lastState! =LOW)
  {
   n =n +1;                     //记录齿轮转过的圈数
   if(n% 10 ==0&&n >=10)
     Serial.println(n);         //每转10圈打印一次
  }
  lastState =state;             //保存本次电平状态
}
```

2. 运行程序

上传程序，打开串口监视器，按示例 5 - 1 程序的方法进行操作，并对示例 5 - 1 程序、实训

· 41 ·

5-1 程序的运行过程和结果进行比较。

实训 5-1 程序运行结果如图 5-8 所示。

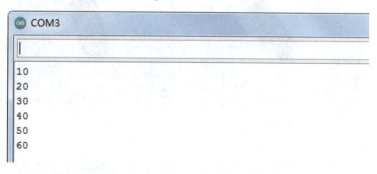

图 5-8　实训 5-1 程序运行结果

课后思考

1. digitalRead( ) 函数的功能是什么？

2. digitalRead( ) 函数在什么情况下可以使用主控板的 20 个输入/输出引脚？

3. 如何将模拟输入引脚 A0 作为数字输入引脚使用？请在 Arduino UNO 框架内写出相关的代码。

4. 图 5-9（a）程序的功能是，将一个触碰传感器连接到主控板后，当长按或松开触碰传感器时串口监视器分别只打印 1 或 0 一个数据。

程序运行效果如图 5-9（b）所示。请在程序代码中的 if 语句内写出条件选择表达式，并上机检验。

（a）

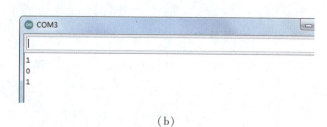

（b）

图 5-9　第 4 题图

（a）补写代码；（b）程序运行效果

第6课

数字输出函数 digitalWrite( )

6.1 基本要点

6.1.1 digitalWrite( )函数

digitalWrite( )是 Arduino 的内建函数。它的功能是通过数字引脚为执行器输出数字信号。

执行器接收数字引脚输出的数字信号后，可以为人们做这样或那样的事情。用 digitalWrite( ) 函数将一个数字信号输出给执行器，叫作"写数字信号"，如图 6 – 1 所示。

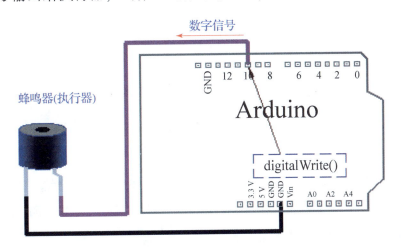

图 6 – 1 digitalWrite( ) 函数写数字信号示意

1. digitalWrite( )函数的调用形式

digitalWrite( )函数的调用形式如下。

```
digitalWrite(pin,value)
```

2. 函数参数

digitalWrite( )函数有两个参数 pin、value。

（1）第一个参数 pin 是引脚号。它对应数字引脚 0 ~ 13 和可被用作数字引脚的引脚 A0 ~ A5。这些引脚可以直接用常量表示，如 5、9 等；也可以用变量表示，如 ledPin、buzzerPin 等。

注意，如果一个引脚被用于数字输出，在定义这个引脚的时候，它的工作模式应设置为 OUTPUT。例如，引脚 10 连接蜂鸣器的信号引脚时，这个引脚定义为

```
pinMode(10,OUTPUT)
```

（2）第二个参数 value 为引脚输出状态。它对应主控板的两个预定义常数 HIGH、LOW。HIGH 为高电平状态，LOW 为低电平状态。当一个输出引脚的状态定义为 HIHG 时输出高电平，定义为 LOW 时输出低电平。例如：

```
digitalWrite(10,HIGH);  //引脚10输出高电平
digitalWrite(10,LOW);   //引脚10输出低电平
```

主控板任何输出引脚的默认状态均为 LOW。

使用一个输出引脚时，先在 setup( ) 函数中用 pinMode( ) 函数定义引脚号及其工作模式，在 loop( ) 函数中设置引脚的输出状态。例如：

```
setup(){
  pinMode(10,OUPUT);
}

loop(){
  ...
  digitalWrite(10,HIHG);      //引脚10输出高电平
  ...
  digitalWrite(10,LOW);       //引脚10输出低电平
  ...
}
```

6.1.3　时间函数 millis( )

这里了解一个在程序设计中将会用到的函数，即时间函数 millis( )。

millis( ) 函数是 Arduino 的一个定时器，它记录每次主控板上电后或重启后的运行时间，时间单位是毫秒（ms）。

millis( ) 函数没有参数。调用 millis( ) 函数时会得到一个时间返回值，将这个值赋给一个变量时，变量的数据类型应为无符号长整型 unsigned long。例如，将一个时间值赋给变量 t：

```
unsigned long t;      //定义时间函数值的变量 t
...
t=millis();           //millis()的值赋值给变量 t
```

millis( ) 函数不同于延时函数 delay( )，使用 millis( ) 函数计时不影响程序代码的执行，而 delay( ) 函数在延时时间内制止了程序所有其他代码的执行。因此，在程序设计中，有时候需要使用 millis( ) 函数而不宜使用 delay( ) 函数。

6.2　应用示例

【示例 6–1】　密码锁（一）。

用两个触碰传感器作密码输入键，将触碰传感器的"操作顺序"设定为"密码"；通过蜂鸣器鸣叫提示密码输入正确，代表密码锁已打开。

1. 分析

（1）蜂鸣器属于执行器，蜂鸣器鸣叫用数字输出函数 digitalWrite( ) 写数字信号，即为蜂鸣器输出高电平（鸣叫）或低电平（静音）。触碰传感器的"密码"操作属于数字输入，这里不重复讲解。

（2）密码设置。编写程序前约定将触碰传感器的两个信号引脚分别连接数字引脚 8、9，设定触碰传感器的操作顺序为"8 – 9"。

（3）鸣叫蜂鸣器。当密码输入正确时，蜂鸣器鸣叫 3 次，每次延时 1000 ms；当密码输入错误时，蜂鸣器短促鸣叫 3 次。蜂鸣器信号引脚连接数字引脚 12。

（4）用 millis( ) 函数记录密码输入的时间。

2. 源代码

程序代码如下。

```
/*示例程序6_1*/
const int sensor1Pin =8;          //触碰传感器1
const int sensor2Pin =9;          //触碰传感器2
const int buzzerPin =12;          //蜂鸣器
unsigned long t1,t2;              //时间变量
int s1,s2,k;

void setup() {
  pinMode(sensor1Pin,INPUT);
  pinMode(sensor2Pin,INPUT);
  pinMode(buzzerPin,OUTPUT);      //定义蜂鸣器引脚及工作模式
}

void loop() {
  s1 =digitalRead(sensor1Pin);
  delay(200);
  if(s1 ==LOW)
  {
    t1 =millis();                 //存储触碰传感器1按下的时间
    k ++;
  }
  s2 =digitalRead(sensor2Pin);
  delay(200);
  if(s2 ==LOW)
  {
    t2 =millis();                 //存储触碰传感器2按下的时间
    k ++;
  }
  if(t1 <t2&&k ==2)
  {
    int i;
    for(i =1;i <=3;i ++)
    {
      digitalWrite(buzzerPin,HIGH);
```

```
      delay(1000);
      digitalWrite(buzzerPin,LOW);
      delay(300);
    }
    t1 = t2 = k = 0;                    //变量清零
  }
  if(t1 > t2&&k == 2)
  {
    int i;
    for(i = 1;i <= 3;i ++)
    {
      digitalWrite(buzzerPin,HIGH);
      delay(100);
      digitalWrite(buzzerPin,LOW);
      delay(50);
    }
    t1 = t2 = k = 0;                    //变量清零
  }
}
```

3. 程序注解

（1）程序首部为各种变量的声明。

（2）setup()函数中定义了传感器与执行器的引脚号及引脚的工作模式。

（3）在 loop()函数中，分别用 digitalRead()函数读两个触碰传感器的电平信号，然后用 if 语句进行判断，如果读到信号则调用函数 millis()存储信号输入的时间 t1 或 t2。

变量 k 存储触碰传感器被按下的次数，用于判断按键次数是否与密码字符数相等。如果 k 等于 2，说明密码输入操作已完成，不能再往下输入。

（4）第 3 个 if 语句用条件表达式 t1 < t2&&k == 2 判断密码输入是否正确，如果正确则蜂鸣器长鸣 3 次，然后相关变量清零。

说明：根据 C 语言的语法规则，赋值运算符右边的表达式可以是一个赋值表达式，所以代码中的赋值表达式

$$t1 = t2 = k = 0$$

是合法的。

（5）第 4 个 if 语句用于判断密码输入是否错误，如果错误则蜂鸣器短促鸣叫 3 次，然后相关变量清零。

4. 电路搭设

示例 6 - 1 程序电路搭设示意如图 6 - 2 所示。

1）左触碰传感器

信号引脚 OUT 连接主控板的引脚 8，接地引脚 GND 连接主控板的引脚 GND，电源引脚 VCC 先连接到面包板上。

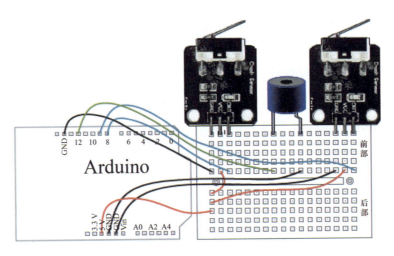

图 6 - 2 示例 6 - 1 程序电路搭设示意

2）右触碰传感器

信号引脚 OUT 连接主控板的引脚 9，接地引脚 GND 连接主控板的引脚 GND，电源引脚 VCC 先连接到面包板上。

3）蜂鸣器

长引脚连接主控板的引脚 12，短引脚连接主控板的引脚 GND。

4）连接电源

将主控板电源引脚 5 V 在面包板上与两个触碰传感器的电源引脚连接。主控板由 USB 数据线供电。

5. 运行程序

上传程序。程序上传成功后，依次按下连接在主控板的引脚 8 和引脚 9 上的触碰传感器，蜂鸣器会连续长鸣 3 次后停下来。如果按下触碰传感器的顺序错误，则蜂鸣器会发出急促的警告。

6.3 编程实训

【实训 6 - 1】 密码锁（二）。

设计程序如同解数学题，往往不只有一种方法。不过有的方法简单明了，有的方法复杂烦琐。

现在，换一种思路编写"密码锁"程序，并设置密码为一个 3 位数（如 899）。

1. 编写程序

1）分析

为了叙述方便，把连接主控板引脚 8 和 9 的两个触碰传感器分别用 8、9 表述。

（1）用 3 个变量 a、b、c 分别代表 3 个密码字符 8、9、9。

（2）密码中有 2 个字符是相同的，因此其中一个触碰传感器需要按两次。根据密码 899 的字符顺序，正确的输入方式及密码存储的相应变量如下。

第 1 次输入 8，并将它存储到变量 a 中；

第 2 次输入 9，并将它存储到变量 b 中；

第 3 次输入 9，并将它存储到变量 c 中。

（3）用变量 k 判断密码字符输入的个数。

（4）用两个 if 语句分别判断密码输入正确还是错误。

2）源代码

程序代码如下。

```
/* shiXun6_1 */
const int Pin_8 =8;
const int Pin_9 =9;
const int buzzerPin =12;
int s1,s2,a,b,c,k =0;
void setup() {
  pinMode(Pin_8,INPUT);
  pinMode(Pin_9,INPUT);
  pinMode(buzzerPin,OUTPUT);
}

void loop() {
  s1 =digitalRead(Pin_8);
  delay(200);
  s2 =digitalRead(Pin_9);
  delay(200);
  if(s1 ==LOW || s2 ==LOW)
  {
    k ++;                          //存储输入的字符个数
    if(k ==1&&s1 ==LOW) a =8;
    if(k ==2&&s2 ==LOW) b =9;
    if(k ==3&&s2 ==LOW) c =9;
  }
  if(k ==3)
  {
    int i;
    if(a ==8&&b ==9&&c ==9)
    {
      for(i =1;i <=3;i ++)
      {
        digitalWrite(buzzerPin,HIGH);
        delay(1000);
        digitalWrite(buzzerPin,LOW);
        delay(500);
      }
      a =b =c =k =0;              //开锁后变量清零
    }
    else
    {
      int i;
```

```
    for(i =1;i <=3;i ++)
    {
      digitalWrite(buzzerPin,HIGH);
      delay(100);
      digitalWrite(buzzerPin,LOW);
      delay(50);
    }
    a =b =c =k =0;          //密码输入错误后变量清零
  }
 }
}
```

3）程序注解

在 loop( )函数中，首部读入引脚 8 或引脚 9 触碰传感器的输入信号，然后用 if(s1 == LOW ‖ s2 ==LOW)语句判断是否有触碰传感器被按下，如果有则累加被按下的次数，并按照给出的条件分别将它们对应的密码字符存储到相关变量中。

接下来的两个 if 语句选择不同的密码输入结果后使蜂鸣器鸣叫。

2. 电路搭设

实训 6 -1 程序电路搭设同示例 6 -1 程序。

3. 运行程序

上传程序，然后输入密码 899（按引脚 8 的触碰传感器 1 次，按引脚 9 的触碰传感器 2 次），蜂鸣器会长鸣 3 次便停下来；打乱密码输入顺序，蜂鸣器会急促地鸣叫 3 次。

说明：体验中，有时输入 3 次密码后可能蜂鸣器没有任何反应，接着第 4 次或第 5 次输入密码时蜂鸣器却鸣叫起来，这说明 Arduino 微控制器实际接收到的信号只有 3 次。

在生活中的许多按键式的操作都可能会发生这种情况，因此每按一次按键都会产生一个提示音。

能不能设计这种效果呢？当然可以。有兴趣的同学可以阅读和分析下面的实训程序 6_2，并上机体验。体验时，如果某次输入密码后没有响起提示音则需重新按下触碰传感器，直到蜂鸣器鸣叫提示音。

附：实训程序 6_ 2 源代码。

```
/* shiXun6_2 */
const int Pin_8 =8;
const int Pin_9 =9;
const int buzzerPin =12;
int s1,s2,a,b,c,k =0;

void setup() {
  pinMode(Pin_8,INPUT);
  pinMode(Pin_9,INPUT);
  pinMode(buzzerPin,OUTPUT);
}

void loop() {
  s1 =digitalRead(Pin_8);
```

```
delay(200);
s2 = digitalRead( Pin_9 );
delay(200);
if( s1 == LOW )                 /////////////////至下一个注释符部分为提示音代码
{
    digitalWrite(buzzerPin,HIGH);
    delay(100);
    digitalWrite(buzzerPin,LOW);
}
if( s2 == LOW )
{
    digitalWrite(buzzerPin,HIGH);
    delay(100);
    digitalWrite(buzzerPin,LOW);
}                     /////////////////至上一个注释符部分为提示音代码
if( s1 == LOW || s2 == LOW )
{
    k ++;
    if( k == 1 && s1 == LOW ) a = 8;
    if( k == 2 && s2 == LOW ) b = 9;
    if( k == 3 && s2 == LOW ) c = 9;
}
if( k == 3 )
{
    int i;
    if( a == 8 && b == 9 && c == 9 )
    {
        for( i = 1; i <= 3; i ++ )
        {
            digitalWrite(buzzerPin,HIGH);
            delay(1000);
            digitalWrite(buzzerPin,LOW);
            delay(500);
        }
        a = b = c = k = 0;
    }
    else
    {
        int i;
        for( i = 1; i <= 3; i ++ )
        {
            digitalWrite(buzzerPin,HIGH);
            delay(100);
            digitalWrite(buzzerPin,LOW);
            delay(50);
        }
        a = b = c = k = 0;
    }
}
}
```

1. digitalWrite( )函数的功能是什么？

2. 在正常工作电压状态下，下面选项中的数字函数读/写数字信号时，相应引脚输入/输出的电压范围是多少？

（1）digitalWrite（3，HIGH）（   ）

（2）digitalWrite（2，LOW）（   ）

（3）digitalRead（7）==LOW（   ）

（4）digitalRead（7）==HIGH（   ）

3. 说说时间函数 millis( )有什么特点。

4. 下面的程序代码中有 2 处错误，请把它们指出来并纠正。

```
const int sPin =8;          //触碰传感器引脚变量
const int bPin =12;          //蜂鸣器引脚变量
int a;
void setup() {
  pinMode(sPin,INPUT);
  pinMode(bPin);
}

void loop() {
  a =digitalRead(sPin);
  if(a ==LOW)
  digitalWrite(bPin,HIGH);
  delay(1000);
  else
  digitalWrite(bPin,LOW);
}
```

5. 编写一个密码输入程序，密码设置为 5377，并上机验证（使用触碰传感器和蜂鸣器，触碰传感器可以插在教学小车的面包板或 JS2、JS6 引脚接口上）。

第 3 单元
模拟输入与输出

- 模拟信号的相关概念

- analogRead( )函数

- analogWrite( )函数

第7课

模拟信号

7.1 基本要点

7.1.1 什么是模拟信号

模拟信号，是指在时间和数值上均具有连续性的信号，即用连续变化的物理量表示信息或状态的信号，如图 7-1 所示。

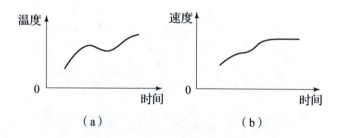

图 7-1 模拟信号示例

（a）室外温度升降曲线；（b）汽车行驶速度曲线

自然界中的许多现象都是具有连续性的，而不仅是 1 或 0、开或关、真或假两种状态，如温度的高低、速度的快慢、声音的大小等，它们的变化在一定的时间内都是连续的。在这种变化过程中，人的感官感知到的都是一种连续变化的信息。

将一种连续变化的信息用一个连续变化的电信号表示，这种电信号就是模拟信号。

如何让只能识别和输出高低电平的 Arduino 微控制器，也能像人一样感知自然界的真实信息或控制某些事物的变化过程呢？科学家们找到了很好的办法。例如，为了让 Arduino 微控制器感知温度的高低就想办法为它输入模拟信号；为了让 Arduino 微控制器控制 LED 灯的亮度就想办法让它输出模拟信号。

输入模拟信号和输出模拟信号的方法是有区别的，它们是完全不同的两种方法。

7.1.2 输入状态下的模拟信号

将自然界中的信息转换为 Arduino 微控制器能够识别的信号，是通过 ADC 即模数转换器实现的。

ADC 将加在一个输入引脚上的模拟量转换为一个数字量。ADC 是一个特殊硬件，它连接在主控板的引脚 A0 ~ A5 上。当引脚 A0 ~ A5 中的某个引脚被输入一个模拟信号时，ADC 就会将它转换为一个能被 Arduino 微控制器识别的整数数字。

ADC 是怎样将一个模拟信号转换为一个整数数字的呢？它一般包含三个关键步骤：采样、量化和编码。

1. 采样

所谓模拟信号就是加在引脚上的一个 0 ~ 5 V 的模拟电压，而绝不会是其他什么别的东西，因为离开了电的 Arduino 微控制器什么都不是。因此，采样的对象是模拟电压。

科学家们发现自然界中的许多模拟信号如光、湿度、声音等，能通过一种特殊的材料被转换为电信号。例如光电材料可以将光的强度转换为电压强度。用于这种转换的元器件就是我们已经熟悉的传感器。

假设将一个光敏传感器连接到引脚 A0，用手的遮挡改变光敏传感器接收光线的强度。这时，光敏传感器就会将不同强度的光线信号转换为高低不同的电压信号，然后输入引脚 A0，如图 7 – 2 所示。

有了模拟电压就可以开始采样了。

如图 7 – 3 所示，在时间 T 中，模拟电压的值在不断地变化。在变化过程中，ADC 每隔一个固定的时间段抽取一次输入的模拟电压，这个抽取过程就是采样。

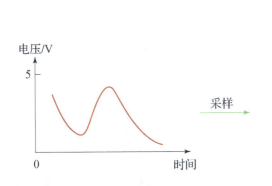

图 7 – 2　光敏传感器输入的模拟电压

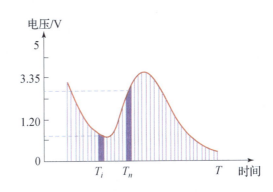

图 7 – 3　对模拟电压采样

图 7 – 3 中两处深色的竖条表示在 T_i 和 T_n 时间内所采集的样本，所有竖条为整个采样过程。变化过程中的任一竖条（采样）所经历的时间都是相等的，叫作采样周期 T，但是它们所对应的模拟电压不一定相等。

现在做一个采样小实验，加深对采样的理解。

同学们可以分成两组，一组同学放声唱：

$$1—3— \ |5—\overset{\cdot}{0}— \ |\overset{\cdot}{0}—5— \ |3—1— \ |$$

啊　啊　　啊　啊　　啊　啊　　啊　啊

另一组同学如图 7 – 4 所示，将双手贴近耳朵，反复快速地松开与捂住耳朵，试一试所听到的是否仍然是从高到低，又从低到高的歌声。

啊…啊…啊…啊…

图7-4 采样小实验示意

实验中，歌声就像模拟电压，耳朵和双手就像 ADC，唱歌的时候，双手松开就像图7-3中的竖条在采样。当然，实验中的"ADC"没有主控板的输入/输出引脚上的 ADC 那么灵敏和精确。

2. 量化

量化就是将采样得来的电压值转换成一个整数数字。

ADC 有 10 位精度，它最大可以存储 10 个二进制数的 1，即

$$11\ 1111\ 1111$$

很容易计算出它所对应的十进制数为 1023。因此，ADC 存储数据的范围为 0~1023，如果试图让 ADC 转换一个数据为 1024，即

$$11\ 1111\ 1111 + 1$$

这时就需要 11 位的精度，否则上面的算式没有地方进位。

根据这一精度要求，ADC 将主控板 0~5 V 的电压转换成 0~1023 的整数，这时就完成了模拟电压的量化。

量化计算方法是，将 5 V 的电压分成 1023 等份，电压单位用 mV，每等份的电压为 5000/1023 mV，如果采样电压为 vi，则转换的数字为 vi/(5000/1023)，然后对这个数字取整，就得到了一个转换后的整数数字。

例如，图 7-3 中在 T_i 处采样的电压为 1200 mV，量化计算为 245.52 mV，取整后得到量化整数 245。

3. 编码

编码就是将量化的结果用二进制表示出来。ADC 对量化结果编码后主要任务就完成了。

7.1.3 输出状态下的模拟信号

输入状态下读取的模拟信号，是由 ADC 将模拟电压经过采样、量化、编码后得到的；输出状态下产生的模拟信号与此相反，它是由 PWM 硬件将需要输出的信号转换为模拟电压实现的。

1. 输出模拟电压演示

现在做一个演示：用主控板点亮一只 LED 灯，让它的亮度只有正常亮度的 1/10，同时正常点亮另一只 LED 灯（最好颜色相同）与之对比。

怎样达到这个目的呢？

用数字输出函数 digitalWrite( )与延时函数极其快速地开关 LED 灯，并且关的时间为开的时间的 1/10。

但是，延时函数 delay( )是以毫秒为单位的，对于要做的演示来说这个单位太大了，这里需要使用一个新的延时函数，即

$$\text{delayMicroseconds( )}$$

这个延时函数的单位为微秒（μs），它与毫秒的关系为

$$1 \text{ ms} = 1000 \text{ μs}。$$

演示程序代码如下。

```
const int led1 =5;
const int led2 =8;
void setup() {
  pinMode(led1,OUTPUT);
  pinMode(led2,OUTPUT);
}

void loop() {
  digitalWrite(led1,HIGH);       //点亮 led1
  delayMicroseconds(10);         //亮 10 μs
  digitalWrite(led1,LOW);        //熄灭 led1
  delayMicroseconds(90);         //熄 90 μs
  digitalWrite(led2,HIGH);       //点亮 led2
}
```

连接 LED 灯并运行程序：将两只颜色相同的 led1、led2 分别从面包板上连接主控板，如图 7 - 5（a）所示。

上传并运行上面的程序，运行效果如图 7 - 5（b）所示：连接在数字引脚 5 上的 led1 的亮度比连接在数字引脚 8 上的 led2 的亮度低得多。

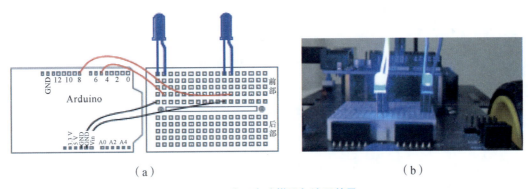

图 7 - 5　演示电路搭设与演示效果
（a）演示电路搭设；（b）演示效果

以上演示表明：①要求 led1 的亮度只有正常亮度的 1/10，就是主控板要输出的模拟信号；②这个模拟信号是通过改变 led1 的电压的高低来实现的，因为 led1 的亮度是由加在 led1 上的电压的高低决定的；③可以用这种方法输出 0～5 V 范围内的任意电压，这种电压就是模拟电压。

2. 模拟输出信号的实现

根据演示过程可以知道，输出的模拟信号是通过快速地开关一个引脚，从而产生一个平均电压来实现的。

改变引脚开和关的时间叫作脉冲宽度调制，简称脉宽调制（PWM）；引脚开和关的时间比叫作占空比。

1）脉冲宽度

脉冲宽度是指引脚开的时间。以前面的演示为例，引脚 5 的一个脉冲宽度为 10 μs，关的时间为 90 μs，如图 7-6 所示。

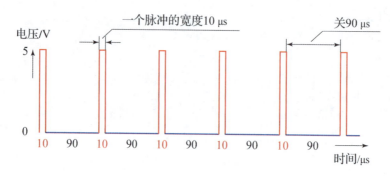

图 7-6　脉冲宽度示意

2）占空比

把引脚开一次和关一次的总时间叫作一个周期，在这个周期内引脚开的时间（脉冲宽度）与开和关的总时间之比叫作占空比。计算方法为

$$占空比 = 脉冲宽度 \div 周期$$

如图 7-6 所示，引脚 5 开一次的时间为 10 μs，开与关的总时间为 100 μs，占空比 = 10 ÷ 100，即 0.1。

3）模拟输出电压

模拟输出电压是在引脚开和关的一个周期内产生的平均电压，这个平均电压就是引脚打开时的高电平值乘以占空比：

$$平均电压 = 高电平值 \times 占空比$$

如图 7-7 所示，引脚 5 打开后输出高电平 5 V，占空比为 0.1，平均电压为 5 × 0.1 = 0.5（V）。

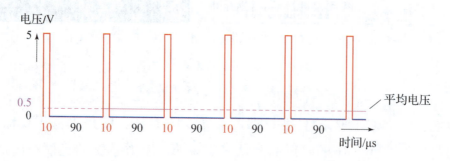

图 7-7　占空比为 10% 时的平均电压

4）模拟输出引脚

主控板的输入/输出引脚输出一个模拟信号时，并不需要像前面的演示一样不停地去开关一个引脚，这个任务由主控板的 PWM 硬件完成。PWM 硬件连接到引脚 3、5、6、9、10、11，当在程序中指令其中某个引脚输出模拟信号时，PWM 硬件会自动调制脉冲宽度，快速地开关这个引脚来输出模拟电压。

PWM 硬件有 8 位的精度，即数值范围为 0 ~ 255，它可以用 0 ~ 255 的数值模拟 0 ~ 5 V 的电压，具体方法将在后面学习。

7.2　应用示例

【示例 7 - 1】　计算图 7 - 8 所示的模拟电压的占空比与平均电压分别是多少。

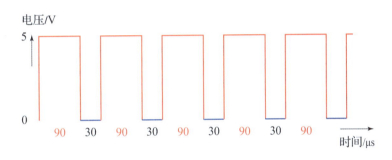

图 7 - 8　示例 7 - 1 图

在图 7 - 8 中，脉宽 = 90 μs，周期为 90 + 30 = 120（μs），最高电压为 5 V。计算过程如下。

（1）占空比 = 脉冲宽度 ÷ 周期

$$= 90\ \mu s \div 120\ \mu s$$

$$= 0.75$$

（2）平均电压 = 高电平值 × 占空比

$$= 5 \times 0.75$$

$$= 3.75（V）$$

7.3　编程实训

【实训 7 - 1】　用示例 7 - 1 中的脉冲宽度和脉冲周期开关一只 LED 灯，并与演示中的两只 LED 灯的亮度进行比较。

1. 编写程序

1）分析

用示例 7 - 1 中的脉宽控制一只 LED 灯，并命名为 led2，将 led2 的长引脚连接主控板的数字引脚 7；将演示中的两只 LED 灯分别命名为 led1 和 led3，它们长引脚仍然分别连接主控板的数字引脚 5 和 8。

根据图 7-8，led2 开 90 μs，关 30 μs。用数字输出函数实现对 led2 的开关。

2）源代码

程序代码如下。

```
/*实训程序7_1*/
const int led1 = 5;
const int led2 = 7;
const int led3 = 8;
void setup() {
  pinMode(led1,OUTPUT);
  pinMode(led2,OUTPUT);
  pinMode(led3,OUTPUT);
}

void loop() {
  digitalWrite(led1,HIGH);
  delayMicroseconds(10);          //led1 开 10 μs
  digitalWrite(led1,LOW);
  delayMicroseconds(90);          //led1 关 90 μs

  digitalWrite(led2,HIGH);
  delayMicroseconds(90);          //led2 开 90 μs
  digitalWrite(led2,LOW);
  delayMicroseconds(30);          //led2 关 30 μs

  digitalWrite(led3,HIGH);         //led3 开
}
```

2. 电路搭设

实训 7-1 程序电路搭设示意如图 7-9 所示。

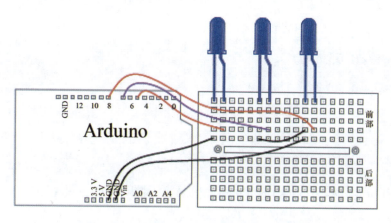

图 7-9　实训 7-1 程序电路搭设示意

3. 运行程序

上传程序并用数据线为主控板供电，3 只 LED 灯被点亮。这时 led1、led2、led3 的电压分别为 0.5 V、3.75 V、5.0 V，因此它们的亮度依次为 led1 < led2 < led3。

· 60 ·

注意，实际上 led1 和 led2 并不像 led3 那样一直亮着，而是不停地亮和灭，只是开关的速度太高了，人的眼睛根本无法分辨。

课后思考

1. 什么是模拟信号？模拟信号与数字信号有什么不同？
2. 简述输入状态下的模拟信号与输出状态下的模拟信号的区别。
3. PWM 硬件连接到主控板的哪些引脚上？
4. PWM 硬件的精度是多少？说出这一精度下的数值范围。
5. 说出图 7－10 所示的脉冲宽度、脉冲周期、模拟电压分别是多少。

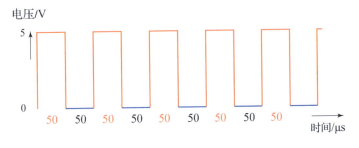

图 7－10　第 5 题图

模拟输入函数 analogRead( )

8.1 基本要点

8.1.1 analogRead( )函数

analogRead( )是 Arduino 的内建函数。它的功能是读模拟输入引脚的模拟信号。

模拟传感器将获取的信息输入主控板的一个模拟引脚，经 ADC 转换成一个模拟信号，在程序中，在需要使用模拟传感器所获取的信息时，调用 analogRead( )函数读取传感器的模拟信号。这个过程简称"读模拟信号"，如图 8-1 所示。

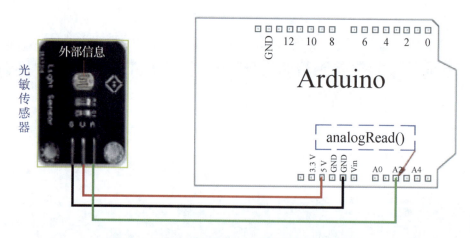

图 8-1　analogRead( )函数读模拟信号示意

1. analogRead( )函数的调用形式

analogRead( )函数的调用形式如下。

```
analogRead(pin)
```

2. 函数参数 pin

analogRead( )函数只有一个参数 pin，它是模拟输入引脚 A0 ~ A5 中的某个引脚号。参数的形式可以是一个常量如 A0，也可以是一个变量如 sensorPin(sensorPin = A0)。

注意：与数字输入函数不同，如果用 analogRead( )函数读一个引脚的模拟信号，则这个引脚不能在 setup( )函数中用 pinMode( )函数定义。

例如，读光敏传感器从模拟输入引脚 A2 输入的信号，则

```
…
void setup() {
    /*不能在这里用 pinMode(A2,INPUT) 定义 */
}
void loop() {
    analogRead(A2);
    …
}
```

8.1.2 analogRead( )函数的使用方式

用 analogRead( )函数读模拟信号的方式，像读数字信号一样，同样取决于它在程序中的作用与位置。

1. 赋值方式

如果一个模拟输入引脚的信号被定义为一个变量，则在使用 analogRead( )函数时，将它的函数值赋给这个变量。例如，定义模拟输入引脚 A2 的信号变量为 sensorPin，则

```
…
sensorPin = analogRead(A2);
if(sensorPin < 50)
…
```

2. 直接使用方式

有时候可以直接使用 analogRead( )函数来代替一个变量。例如，上面 if 语句中表达式的变量 sensorPin 可以用 analogRead(A2)代替，原来的两行代码只要一行就行了，即

```
if(analogRead(A2) < 50)
```

8.1.3 映射函数 map( )

由于 ADC 的精度为 10 位，数值范围总是 0~1023，但有时模拟传感器感知的实际信息并不处于这个范围内，这时怎么办呢？

例如，读取电位器输出端的电压时，电位器的电压范围为 0~5 V，而 ADC 转换的数据并不是 0~5，而是 0~1023，即 1023 对应的电压是 5 V，这时就需要将 0~1023 的数据对应换算成 0~5 V 的电压值。用于这种换算的函数叫作映射函数，map( )函数就是这样一种函数，如图 8-2 所示。

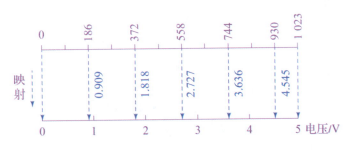

图 8-2 映射数值示意

1. map( )函数的调用形式

map( )是 Arduino 的内建函数，它的调用形式如下。

```
map(value,fromLow,fromHigh,toLow,toHigh)
```

2. map( )函数的参数

map( )函数共有 5 个参数，每个参数之间用逗号隔开。

（1）value：被映射的值，例如将 0～1023 的值映射到 0～5 的值时，0～1023 就是被映射的值。这个值由读模拟量函数 analogRead( )读入。

（2）fromLow：被映射值的下限。

（3）fromHigh：被映射值的上限。

（4）toLow：映射值的下限。

（5）toHigh：映射值的上限。

3. 参数的数据类型

被映射值与映射值的数据类型为整型，如果为浮点型数据则会去掉小数部分。如图 8 - 2 所示，如果被映射值为 186，实际映射值应为 0.909 V，去掉小数部分后映射值为 0。同样的道理，372 的映射值为 1 V。

8.2 应用示例

【示例 8 - 1】 读出电位器输出端的电压值。

1. 分析

电位器输出端的电压范围为 0～5 V，将电位器输出端的引脚连接主控板的模拟输入引脚，并用读模拟信号函数 analogRead( )读取电位器输出端的电压值。

将电位器输出端连接模拟输入引脚 A0，用 map( )函数映射数值。定义模拟输入信号变量 value、映射值（电压）变量 v。

2. 源代码

程序代码如下。

```
/*示例程序8_1*/
int value,v;                    //定义2个整型变量
void setup() {
  Serial.begin(9600);
}
void loop() {
  value = analogRead(A0);       //将读取的模拟信号赋给变量 value
  delay(200);
  v = map(value,0,1023,0,5);    //将映射数值赋给变量 v
  Serial.print("v = ");
  Serial。println(v);
  delay(500);
}
```

3. 电路搭设

将电位器插在教学小车的引脚 JS6 上，输入端连接主控板的电源引脚 5 V，输出端连接模拟输入引脚 A0，接地端连接主控板的接地引脚 GND，如图 8 - 3 所示。

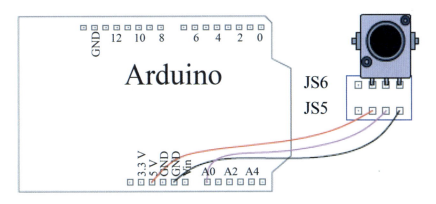

图 8 - 3　示例 8 - 1 程序电路搭设示意

4. 运行程序

上传程序后，打开串口监视器，再慢慢旋转电位器旋钮，示例 8 - 1 程序运行效果如图 8 - 4 所示。

图 8 - 4　电位器输出端电压（整数）

【**示例 8 - 2**】　读取电位器输出端电压小数点后 2 位数的值。

1. 分析

在示例 8 - 1 程序中，电压的单位为伏（V），为了读出小数点后 2 位数的值，将电压的单位用毫伏（mV）表示（1 V = 1000 mV）。

2. 源代码

程序代码如下。

```
/*示例程序8_2*/
int value;
float v;                    //定义映射值变量为浮点型数据
void setup() {
  Serial.begin(9600);
}

void loop() {
  value = analogRead(A0);
```

```
    delay(200);
    v = map(value,0,1023,0,5000)/1000.0;
    Serial.print("v = ");
    Serial.println(v);
    delay(500);
}
```

程序中"v = map(value,0,1023,0,5000)/1000.0;"语句是先用 map( ) 函数将 0 ~ 1023 的模拟量映射为 0 ~ 5000 mV 的电压值，再用这个值除以"1000.0"，将单位毫伏换算为伏。

3. 运行程序

上传程序，打开串口监视器，示例 8 – 2 程序运行效果如图 8 – 5 所示。

图 8 – 5　电位器输出端电压（小数）

注意，串口输出的 2 位小数是默认输出位数。

8.3　编程实训

【实训 8 – 1】　自动照明灯。用光敏传感器控制两只 LED 灯，当光线较暗时打开一只 LED 灯，光线再暗一点时打开另一只 LED 灯。

1. 编写程序

1）分析

光敏传感器通过光敏电阻感受光线的强弱，它输入模拟引脚的模拟量随着光线的强弱增大或减小。

理论上光敏传感器输入的模拟量在 0 ~ 1023 范围内，但随着室内室外环境的不同，有时它的最大值一般远小于 1023，而最小值只有当它处于完全黑暗的环境中才能出现。

将光敏传感器的信号引脚 s 定义到模拟输入引脚 A0，两只 LED 灯即 led1、led2 分别连接主控板的数字引脚 7、8；当光线强度（模拟量）小于等于 300 时打开 led1，当无线强度（模拟量）小于等于 200 时打开 led2。

2）源代码

程序代码如下。

```
/* 实训程序 8_1 */
int light;
const int lightIn = A0;
```

```
const int led1 =7;
const int led2 =8;
void setup() {
  pinMode(led1,OUTPUT);
  pinMode(led2,OUTPUT);
}

void loop() {
  light = analogRead(lightIn);   //读模拟信号并赋给 light
  if(light <=300)
  {
     digitalWrite(led1,HIGH);
  }
  else
  {
     digitalWrite(led1,LOW);        //关掉 led1
  }
  if(light <=150)
  {
     digitalWrite(led2,HIGH);
  }
  else
  {
     digitalWrite(led2,LOW);        //关掉 led2
  }
}
```

说明：程序中并没有对 analogRead( ) 函数读入的模拟量进行换算（映射），因为这里没有必要换算。

什么时候需要换算呢？比如示例 8 – 1 中读取电压值、用灰度传感器检测灰度值或用湿度传感器检测湿度时进行换算是必要的。

2. 搭设电路

1）连接光敏传感器

将光敏传感器通过弯脚排母插在教学小车的 JS6 引脚接口上，信号引脚 S 连接主控板的模拟输入引脚 A0，电源引脚 V 连接主控板的引脚 5 V，引脚 G 连接主控板的引脚 GND。

2）连接 LED 灯

将两只 LED 灯插在面包板上，led1、led2 的长引脚分别依次连接主控板的数字引脚 7、8，短引脚分别连接主控板的引脚 GND。

实训 8 – 1 程序电路搭设示意如图 8 – 6 所示。

3. 运行程序

上传程序，体验程序运行效果。

用手慢慢遮挡光敏传感器上的光敏电阻，随着光线的减弱，led1 和 led2 将被依次点亮。

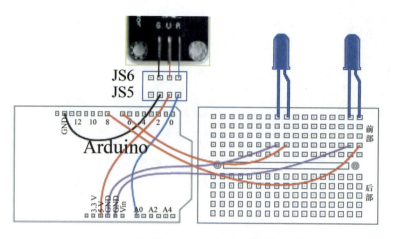

图 8 − 6 实训 8 − 1 程序电路搭设示意

课后思考

1. analogRead( ) 函数的功能是什么？

2. 下列说法中正确的是（　　　）。

A. analogRead( ) 函数读取不同用途的模拟传感器的信号时，读出的数值范围会有所不同

B. analogRead( ) 函数从模拟引脚读取传感器的模拟量

C. 用 analogRead( ) 函数读取电位器的模拟电压后，可以用 map( ) 函数映射得到相应的电压值，也可以直接换算出相应的电压值

D. map( ) 函数中的被映射值（变量）可以放在函数参数列表中的任意位置

3. 编写程序，用灰度传感器检测 3 种不同颜色物体的灰度值，并在串口监视器中显示出来（物体灰度值的范围为 0 ~ 255，检测物体自选）。

第**9**课

模拟输出函数 analogWrite( )

9.1 基本要点

9.1.1 analogWrite( )函数

analogWrite( )是 Arduino 的内建函数,它的功能是输出模拟信号。

当一个执行器需要接收模拟信号时,调用 analogWrite( )函数即可,并不需要像第7课中的输出模拟电压演示那样直接调制脉冲宽度。

调用 analogWrite( )函数,向连接在主控板的模拟输出引脚的执行器输出模拟信号,这个过程称为"写模拟信号",如图 9 – 1 所示。

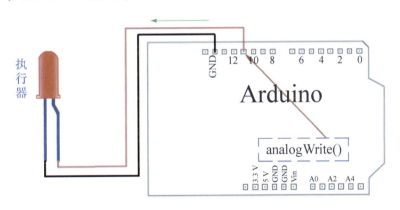

图 9 – 1 analogWrite( )函数写模拟信号示意

1. analogWrite( )函数的调用形式

analogWrite( )函数的调用形式如下。

```
analogWrite(pin,value)
```

2. 函数参数 pin、value

analogWrite( )函数共有两个参数。

(1) pin 为引脚号,即模拟输出引脚3、5、6、9、10、11。参数 pin 的形式可以是一个常量如11,也可以是一个变量如 led(led = 11)。

注意:与模拟输入引脚一样,模拟输出引脚也不能在 setup( )函数中用 pinMode( )函数进行定义。

例如，为引脚 11 上的 LED 灯输出模拟信号，setup( ) 函数中不需要定义这个引脚，即

```
...
void setup() {
    /*不需要在这里定义 LED 灯的引脚*/
}
void loop() {
    analogWrite(11,value);
    ...
}
```

（2）value 为占空比。由于 PWM 硬件的精度为 8 位，所以 value 的数值范围为 0～255，参数值 0 对应 0% 的占空比，参数值 255 相当于 100% 的占空比，即表示满输出。

9.1.2 模拟输入与输出的精度转换

将模拟输入函数读入的值用作模拟输出函数的值时，需要将 10 位精度的数值转换为 8 位精度的数值，即将 0～1023 的数值转换为 0～255 的数值。

在这种情况下，不用 map( ) 函数而直接进行转换是比较方便的。由于 10 位精度的最大数是 1024，除以 4 正好是 8 位精度的最大数 256，这时 10 位精度的数值范围 0～1023 也正好对应 8 位精度的数值范围 0～255。

例如：

```
value_in = analogRead(A0);
value_out = value_in /4;
analogWrite(3,value_out)
```

在上面的语句中，value_in 为模拟输入函数读入的数值，value_out 为转换后的数值，analogWrite(3,value_out) 为从模拟输出引脚 3 输出模拟信号 value_out。

9.2 应用示例

【示例 9-1】 点亮一只 LED 灯，让灯光逐渐从弱变强。

1. 分析

用模拟输出函数控制 LED 灯光的强弱，用循环结构 for 语句控制灯光逐渐从弱变强。

将 LED 灯连接模拟输出引脚 3，命名引脚变量为 led，灯光亮度值从 0 逐渐增大到 200（最大值可为 255，如果 LED 灯不接电阻则不取最大值为好）。

2. 源代码

程序代码如下。

```
/*示例程序 9_1*/
int i;                    //定义循环变量 i
const int led = 3;        //定义连接 led 的模拟输出引脚
void setup() {
```

```
}

void loop() {
    for(i=0;i<=200;i++)
    {
        analogWrite(led,i);
        delay(100);
    }
}
```

在源代码中，由于模拟输出引脚不需要定义，所以 setup( )函数是空的。

for 语句用于为 led 循环输出模拟量，使 led 的亮度值从 0 逐渐增大到 200，每循环一次 led 的亮度值增加 1，然后延时 100 ms。

3. 电路搭设

将 LED 灯插在面包板上，长引脚连接主控板的模拟输入引脚 3，短引脚连接主控板的接地引脚 GND，如图 9 – 2 所示。

主控板用 USB 数据线供电。

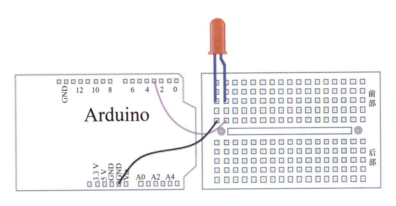

图 9 – 2　示例 9 – 1 程序电路搭设示意

4. 运行程序

上传程序。程序开始运行后，LED 灯将由暗逐渐变亮。

【示例 9 – 2】　用光敏传感器控制 LED 灯的亮度。当光线比较强时，LED 灯的亮度变低；当光线比较弱时，LED 灯的亮度变高。

5. 分析

用模拟输入函数读光敏传感器的信号值，用模拟输出函数写模拟信号。当输入的模拟信号值较大时，输出的模拟信号值则应较小。

将光敏传感器的信号引脚 S 连接主控板的模拟输入引脚 A0，将 LED 灯的长引脚连接主控板的模拟输出引脚 3。

6. 源代码

程序代码如下。

```
/*示例程序9_2*/
```

```
int v_in,v_out;            //定义输入/输出模拟变量
const int sensor = A0;      //定义模拟输入变量
const int led = 3;          //定义模拟输出引脚
void setup() {

}

void loop() {
  v_in = analogRead(sensor);   //读模拟信号
  v_out = 255 - v_in/4;
  analogWrite(led,v_out);      //输出模拟信号
}
```

在以上程序代码中，语句"v_out = 255 - v_in/4;"将光敏传感器输入的模拟信号值换算为输出的模拟信号值。

v_in/4 将 10 位精度的模拟输入信号值换算为 8 位精度的模拟输出信号值；255 - v_in/4 的意义为 LED 灯的亮度与光敏传感器感受的光线强度相反，即 v_in 越大，v_out 越小。

7. 电路搭设

将 LED 灯的长引脚连接主控板的模拟输出引脚 3，将 LED 灯的短引脚连接主控板的引脚 GND；

用弯脚排母将光敏传感器插在教学小车的 JS6 引脚接口上，再将它的接地引脚 G、电源引脚 V、信号引脚 S 依次连接主控板的引脚 GND、5 V、A0，如图 9 – 3 所示。

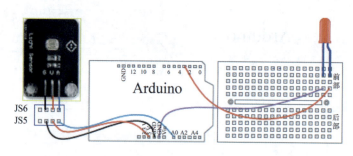

图 9 – 3　示例 9 – 2 程序电路搭设示意

8. 运行程序

上传程序。用手遮挡或放开光敏传感器，LED 灯的亮度变低或变高。

9.3　编程实训

【实训 9 – 1】　编写一个"爱眨眼的小星星"程序，随机控制 3 只 LED 灯的亮度。

1. 编写程序

分析如下。

（1）用随机函数生成随机数 a，然后将这个随机数作为模拟量输出给 LED 灯。

（2）用 for 语句让每只 LED 灯慢慢点亮，直到亮度达到模拟值 a。

（3）用 switch 语句分别点亮和熄灭每只 LED 灯，达到"眨眼"的效果。

2. 源代码

程序代码如下。

```
/*实训程序9_1*/
int a,k,i;
const int led1 =9;        //定义模拟输入变量
const int led2 =10;
const int led3 =11;       //定义模拟输出引脚
void setup() {
    randomSeed(analogRead(A0));
}

void loop() {
    a = random(0,256);
    k ++;                  //计数器
    switch(k)
    {
        case 1:
            for(i =0;i <=a;i ++)
            {
                analogWrite(led1,i);  //输出模拟信号
                delay(5);
            }
            break;
        case 2:
            //t =millis();
            for(i =0;i <=a;i ++)
            {
                analogWrite(led2,i);  //输出模拟信号
                delay(5);
            }
            break;
        case 3:
            //t =millis();
            for(i =0;i <=a;i ++)
            {
                analogWrite(led3,i);  //输出模拟信号
                delay(5);
            }
            break;
    }
    if(k ==3) k =0;        //计数器清零后重新点亮 led1
}
```

说明如下。

在 setup()函数中，randomSeed(analogRead(A0))为随机数种子函数，是 Arduino 的内建函数。参数 analogRead(A0)为种子值，其中 A0 应为悬空状态，不要接入任何传感器与执行器的信号引脚。

在 loop()函数中，random(0,256)是 Arduino 的一个随机数函数，两个参数指定随机数生成的

区间。实际生成的随机数下限值包含 0，实际生成的上限值为区间上限值减 1，即 $256 - 1 = 255$。例如 random(10,51) 生成的最小随机数为 10，最大随机数为 50。

3. 搭设电路

将 3 只 LED 灯分别插在面包板上，将它们的长引脚分别连接主控板的模拟输出引脚 9、10、11，将它们的短引脚连接主控板的接地引脚 GND，如图 9 - 4 所示。主控板用 USB 数据线供电。

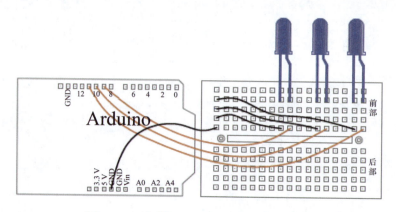

图 9 - 4　实训 9 - 1 程序电路搭设示意

4. 运行程序

上传程序。程序运行时，3 只 LED 灯会产生时明时暗的效果。

课后思考

1. analogWrite( ) 函数的功能是什么？

2. analogWrite( ) 函数的功能是靠什么硬件实现的？

3. 计算：函数 analogRead( ) 从引脚 A0 读入的值为 620，用 analogWrite( ) 函数将这个值写到模拟输出引脚 9 时的值应是多少？

4. 编写程序，让蜂鸣器鸣叫的音量值与时间分别为 250（1000 毫秒）、50（1000 毫秒）。

第 4 单元
直流电动机控制

- 认识直流电动机

- 晶体三极管及 H 桥

- TB6612 电动机驱动模块

第 *10* 课

三极管与直流电动机

10.1　基本要点

10.1.1　直流电动机

用直流电驱动的电动机叫作直流电动机。

1. 直流电动机的特点

（1）直流电动机有良好的调速性能。所谓"调速性能"，是指电动机在一定负载的条件下，根据需要，人为地改变电动机的转速。直流电动机可以在重负载条件下，实现均匀、平滑的无级调速，而且调速范围较宽。

（2）直流电动机具有高效率、大转矩、低噪声、低振动及控制精确、使用方便等优点。

因此，直流电动机有着非常广泛的应用。例如在家用电器领域、工业机械领域、交通运输领域、航空航天以及机器人等领域，直流电动机发挥着非常重要甚至不可替代的作用。

2. 直流电动机的额定参数

直流电动机的额定参数有额定功率、额定电压、额定电流和额定转速。我们在学习中所使用的直流电动机是一种小型玩具直流电动机，它也有相应的额定参数。

例如，如图 10 – 1（a）所示，教学小车上的直流电动机（减速电动机）的额定参数如下。

电压：3 ~ 6 V；

电流：150 ~ 200 mA；

转速：90 ~ 200 r/min。

如图 10 – 1（b）所示，130 直流电动机的额定参数如下。

电压：1 ~ 6 V；

电流：350 ~ 400 mA；

转速（3 V）：17000 ~ 18000 r/min。

（a）　　　　　　　　　　　　　（b）

图 10 - 1　微型直流电动机实物

（a）教学小车上的直流电动机；（b）130 直流电动机

10.1.2　晶体三极管

晶体三极管是晶体管的一种，也称为双极型晶体管，这里简称三极管，它是一种控制电流的半导体器件。

1. 三极管的结构形式与电路符号

三极管有两种结构形式，即 NPN 型和 PNP 型，如图 10 - 2 所示。

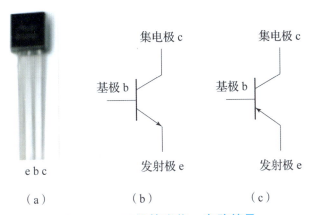

（a）　　　　　　　（b）　　　　　　　（c）

图 10 - 2　三极管实物、电路符号

（a）实物；（b）NPN 型三极管电路符号；（c）PNP 型三极管电路符号

三极管有 3 个引脚。面向三极管的一个平面，它的 3 个引脚从左至右依次为发射极 e（emitter）、基极 b（base）、集电极 c（collector）。

2. 三极管的特性

三极管在电路中主要起放大作用。它可以成倍甚至几十倍地放大电路中的电流。同时，三极管还可以快速地控制电路的通断。

下面以 NPN 型三极管为例，认识与了解三极管的这一特性。

NPN 型三极管在通常情况下是断开的，即在默认状态下集电极 c 与发射极 e 断开。当一个小的电流流入基极 b 时，它就处于导通状态，并允许集电极 - 基极通过一个较大的电流。

如图 10 - 3 所示，若基极 b 的电流为 I_b，集电极 c 的电流为 I_c，发射极 e 的电流为 I_e，根据并联电路中电流的特性，当三极管导通时，有

$$I_e = I_c + I_b$$

将 NPN 型三极管与 130 直流电动机连接，集电极 c 连接电动机的负极，发射极 e 连接主控板的引脚 GND，基极 b 连接主控板的一个数字引脚，如图 10 - 3 所示。如果流过发射极 e 的电流 $I_e = 400$ mA，主控板的一个输入/输出引脚输出的最大电流为 40 mA，由于 $I_e = I_c + I_b$，则

$$I_c = 400 - 40$$
$$= 360 \text{（mA）}$$

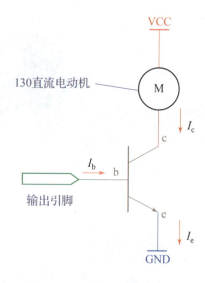

图 10 - 3　三极管电路示意

也就是说，主控板的一个引脚用 40 mA 的电流接通三极管后，允许 360 mA 的电流流过直流电动机。相对于输入/输出引脚提供的 40 mA 电流来说，它被放大了 9 倍，而这个电流足以满足 130 直流电动机额定电流的要求。

3. NPN 型三极管和 PNP 型三极管的导通条件

NPN 型三极管当基极 b 为高电平时导通，PNP 型三极管当基极 b 为低电平时导通，如图 10 - 4 所示。

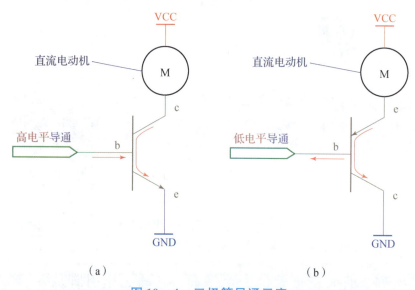

（a）　　　　　　　　　　　　（b）

图 10 - 4　三极管导通示意
（a）NPN 型（高电平导通）；（b）PNP 型（高电平导通）

反过来，可以得出三极管断开的条件为：当 NPN 型三极管的基极 b 为低电平时其处于断开状态；当 PNP 型三极管的基极 b 为高电平时其处于断开状态。记住这一点，有利于后面课程的学习。

10.2　应用示例

【示例 10 - 1】　通过 NPN 型三极管开关 130 直流电动机。

1. 分析

130 直流电动机的电流范围为 350~400 mA，这远超出了主控板的输入/输出引脚最大只能输

出 40 mA 电流的能力，即用一个数字引脚直接驱动电动机是不可能的。因此，用一个数字引脚来开关三极管，通过三极管放大电动机电路中的电流而使电动机运动。

三极管除了放大电路中的电流外，还可以起开关的作用，而且它可以实现极快的开关速度。当连接基极 b 的数字引脚给基极 b 一个微小的电流时，三极管的集电极 c 与发射极 e 就接通了；当基极 b 的电流消失后，集电极与发射极的电路随之断开，如图 10-5 所示。

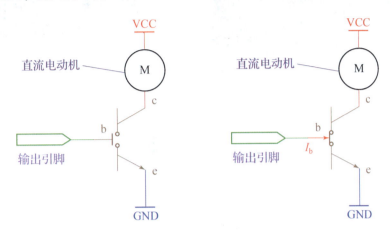

图 10-5　NPN 型三极管开关功能示意

因此，用三极管控制电动机电路的通断，只需将它的基极 b 连接主控板的一个数字引脚即可。

2. 源代码

程序代码如下。

```
/*示例程序10_1*/
void setup() {
    pinMode(7,OUTPUT);      //三极管基极连接引脚7
}

void loop() {
    digitalWrite(7,HIGH);    //打开引脚7启动电动机
    delay(5000);
    digitalWrite(7,LOW);     //关闭引脚7停止电动机
    delay(1000);
}
```

3. 固定电动机

用积木板及销子将 130 直流电动机支架固定在教学小车右前部，再将 130 直流电动机套上小风扇后卡在支架内，如图 10-6 所示。注意，小风扇要适当用力套上去，并**经过老师检查后才能上传、运行程序**。

4. 电路搭设

将三极管插在面包板上，三极管的平面面向数学小车前方，基极 b 引脚连接主控板的数字引脚 7，集电极 c 引脚连接 130 直流电动机负极，发射极 e 引脚连接主控板的引脚 GND；130 直流电动机正极连接主控板的电源引脚 5 V，如图 10-7 所示。

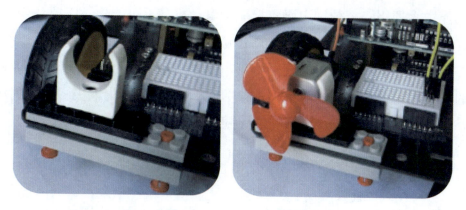

图 10 - 6　130 直流电动机固定过程

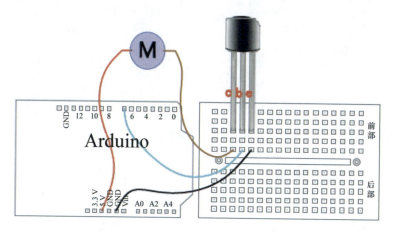

图 10 - 7　示例 10 - 1 程序电路搭设示意

5. 运行程序

上传程序。程序运行后，130 直流电动机会每开启 5000 ms 后关停 1000 ms。

10.3　编程实训

【实训 10 - 1】　用三极管控制直流电动机的转速。

1. 编写程序

1）分析

三极管不仅可以开关直流电动机，还可以改变直流电动机的转速。

从示例 10 - 1 可以看出，用数字输出函数 digitalWrite( ) 只能控制三极管开关直流电动机。为了改变直流电动机的转速，需要用 analogWrite( ) 函数。

注意，用模拟输出函数控制直流电动机运动时，直流电动机的启动速度不能过低，过低会导致直流电动机不能启动，时间长了还可能烧坏直流电动机。

2）源代码

程序代码如下。

```
/*实训程序10_1*/
```

```
const int mPin = 6;
void setup() {
}

void loop() {
  analogWrite(mPin,100);
  delay(2000);
  analogWrite(mPin,150);
  delay(2000);
  analogWrite(mPin,250);
  delay(2000);
}
```

在源代码中，setup()函数体为空；模拟输出引脚6(mPin)为三极管基极 b 的控制引脚。

2. 运行程序

对于实训10-1的130直流电动机固定及电路搭设，只要将图10-6中连接三极管基极 b 的跳线从引脚7移到引脚6即可。然后上传程序。

程序上传成功后，130直流电动机分别以100 r/min、150 r/min、250 r/min 的速度运行，每一级速度运行 2000 ms。

注意：130直流电动机运行时肉眼看不出明显的差别，这时千万不要用手触摸扇叶来感觉转速的变化。

 **课后思考**

1. 直流电动机有哪些特点？

2. 直流电动机有哪些主要技术参数？

3. 三极管有哪几种结构形式？它的3个引脚分别是什么？

4. 三极管的特性是什么？

5. 将 NPN 型三极管的集电极 c 连接130直流电动机，基极 b 连接主控板的引脚3，编写程序，分别实现如下功能。

（1）直接开、关130直流电动机，开关时间分别为 2000 ms。

（2）130直流电动机的转速在 1500 ms 内从 100 r/min 逐渐达到 250 r/min。

第11课

H桥与直流电机

11.1 基本要点

用一个三极管可以控制直流电动机的开关，并能改变直流电动机的运动速度，但是不能改变直流电动机的运动方向，即直流电动机始终只能做顺时针转动或逆时针转动。

在实际应用中，往往需要直流电动机既能顺时针方向旋转，又能逆时针方向旋转，于是有一种叫作 H 桥的集成电路用来解决这一问题。

11.1.1 H桥基本电路

一个 H 桥电路由 4 个三极管和其他相关的电子器件组成，因为它看起来很像一个大写的英文字母 H，所以被称为 H 桥电路，如图 11 – 1 所示。

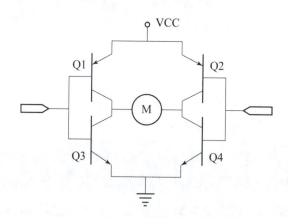

图 11 – 1　H 桥基本电路示意

在 H 桥电路中，有两个 PNP 型三极管如 Q1、Q2，以及两个 NPN 型三极管如 Q3、Q4。

（1）Q1 和 Q3 组成一个三极管对，Q2 和 Q4 组成一个三极管对。

（2）两对三极管的基极 b 分别连接在一起，用于控制直流电动机转动的方向。

（3）两对三极管的集电极 c 分别连接直流电动机 M 的正极与负极。

（4）两对三极管的发射极 e 分别连接在一起后，PNP 型三极管的发射极接 VCC，NPN 型三极管的发射极接 GND。

11.1.2 H 桥电路控制原理

我们已经知道，PNP 型三极管的基极 b 为低电平时导通，为高电平时断开；NPN 型三极管的基极 b 为高电平时导通，为低电平状态时断开。根据这一特性，将 H 桥电路中的两组三极管对的基极分别在高电平与低电平两种状态间进行切换，就可以改变电流在 H 桥电路中的流向，从而改变直流电动机的转动方向。

如图 11-2（a）所示，如果左边三极管对 Q1、Q3 的基极处于低电平状态，则 Q1 导通而 Q3 断开；右边三极管对 Q2、Q4 的基极处于高电平状态时，Q2 断开而 Q4 导通。这时，电流从 Q1 流过直流电动机 M，再经过 Q4 流向地。假设直流电动机的正极连接 Q1，那么直流电动机就会顺时针转动。

反过来，如果 Q1、Q3 的基极处于高电平状态，Q2、Q4 的基极处于低电平状态，则直流电动机会逆时针转动，如图 11-2（b）所示。

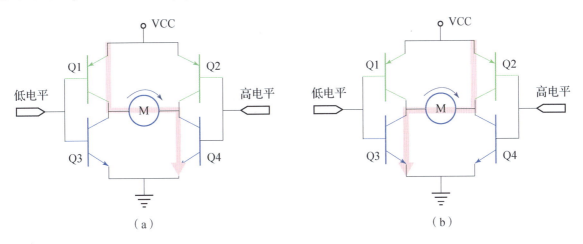

图 11-2　H 桥电路控制示意

根据这一基本原理，只要将 H 桥电路的两个三极管对的基极分别连接在主控板的两个数字引脚上，并在高电平与低电平两种状态间进行切换，就能随意改变直流电动机的转动方向。

11.1.3 L293D

一个完整的 H 桥电路远比图 11-1 所示的电路复杂得多，搭设也极为不便。L293D 是一种封装了两个 H 桥电路的集成块（芯片），可以十分方便地驱动两路直流电动机，如图 11-3 所示。

图 11-3　L293D

1. L293D 的引脚及功能

L293D 共有 16 个引脚，各引脚示意如图 11 - 4 所示。搭设 L293D 的外部电路时一定要了解相应引脚的功能，并准确地连接外部电路。

以 L293D 端面上的一个小型半圆缺口为参照，各引脚的功能如下。

（1）1~8 号引脚：

1 号引脚 EN 1 为使能引脚，用于控制直流电动机 1 的速度；

2 号和 7 号引脚 IN 1、IN 2 为方向控制引脚，用于控制直流电动机 1 的转动方向；

3 号和 6 号引脚 OUT1、OUT2 为直流电动机电源引脚，分别连接直流电动机的正极与负极；

4 号和 5 号引脚 GND 为芯片接地引脚，用于芯片散热；

8 号引脚 VMORTOR 为直流电动机电源引脚。

（2）9~16 号引脚：

16 号引脚 5V DC 为电源引脚，用于驱动 L293D 芯片；其他引脚的功能与 1~8 号引脚相同，用于控制直流电动机 2。

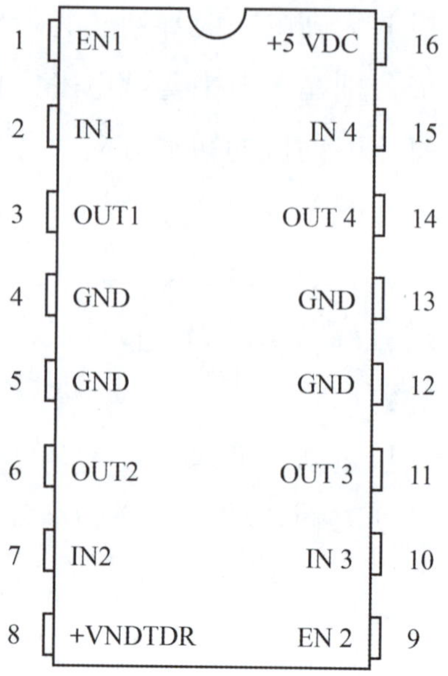

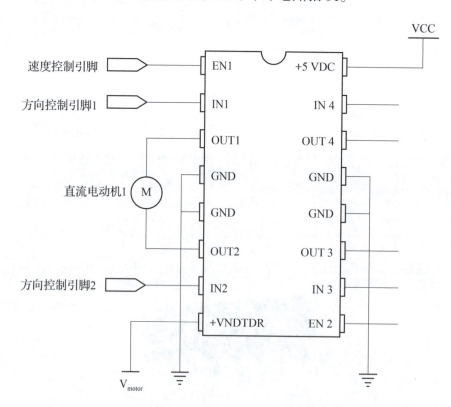

图 11 - 4　L293D 引脚示意

2. L293D 外部电路搭设

图 11 - 5 所示为 L293D 控制一路直流电动机的外部电路搭设。

图 11 - 5　L293D 控制一路直流电动机的外部电路搭设示意

在图 11 - 5 中，如果要同时控制两路直流电动机，只要将直流电动机 2 连接引脚 OUT3、OUT4，并将引脚 EN2、IN3、IN4 分别对应连接主控板的模拟输出引脚和数字输出引脚即可。

11.2　应用示例

【示例 11 - 1】　用 L293D 控制 130 直流电动机顺时针转动与逆时针转动。

1. 编写程序

1）分析

如图 11 - 5 所示，引脚 IN1、IN2 控制直流电动机 M 的转动方向，用 digitalWrite( ) 函数控制引脚 IN1、IN2 分别处于高电平或低电平工作模式，从而改变直流电动机的运动状态。

引脚 IN1 与 IN2 分别在 HIGH 和 LOW 工作模式下，直流电动机 M 的运动状态见表 11 - 1。

表 11 - 1　引脚 IN1、IN2 不同模式组合下直流电动机的运动状态

IN1	IN2	直流电动机运动状态
HIGH	LOW	顺时针转动
LOW	HIGH	逆时针转动
LOW	LOW	停止转动
HIGH	HIGH	直流电动机抱闸（刹车）

例如，如果将 L293D 的引脚 IN1 连接主控板的引脚 3，引脚 IN2 连接主控板的引脚 4，控制直流电动机顺时针转动的程序代码为

```
digitalWrite(3,HIGH);
digitalWrite(4,LOW);
```

2）源代码

程序代码如下。

```
/*示例程序11_1*/
const int mPin1 =3;          //引脚 IN1 连接引脚 3
const int mPin2 =4;          //引脚 IN2 连接引脚 4
void setup() {
  pinMode(mPin1,OUTPUT);
  pinMode(mPin2,OUTPUT);
}

void loop() {
  digitalWrite(mPin1,HIGH);    //直流电动机顺时针转动
  digitalWrite(mPin2,LOW);
  delay(3000);
  digitalWrite(mPin1,LOW);     //直流电动机停止
  digitalWrite(mPin2,LOW);
  delay(1000);
  digitalWrite(mPin1,LOW);     //直流电动机逆时针转动
```

```
digitalWrite(mPin2,HIGH);
delay(3000);
digitalWrite(mPin1,LOW);      //直流电动机停止
digitalWrite(mPin2,LOW);
delay(1000);
}
```

2. 电路搭设

1）固定直流电动机

按照第 10 课中图 10-5 所示的方法，将 130 直流电动机固定在教学小车右前方。

2）插接 L293D

将 L293D 按图 11-6 所示的位置插接在面包板上，半圆缺口向右。

注意：L293D 两边的引脚一定要骑插在面包板中间的凹槽上，不能同时插在面包板的"前部"或"后部"。

3）连接 L293D 相关引脚

按照图 11-5 所示的引脚标识，搭设 L293D 相关引脚的外部电路，如图 11-6 所示。

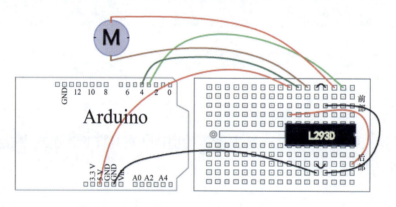

图 11-6　示例 11-1 程序电路搭设示意

（1）连接方向控制引脚。将引脚 IN1、IN2 依次连接主控板的引脚 3、4。

（2）连接直流电动机。将引脚 OUT1 连接 130 直流电动机的正极，将引脚 OUT2 连接 130 直流电动机的负极。

（3）连接电源。L293D 电源 VCC 及 130 直流电动机电源 Vmotor 均用 USB 数据线提供电源。引脚 VCC 与引脚 Vmotor 连接，然后从引脚 Vmotor 处连接主控板的电源引脚 5 V。

（4）接地。先将 4 个引脚 GND 分别两两连接在一起，然后将它们连接到主控板的电源地引脚 GND。

电路搭设完毕后要认真检查，确保连接无误。

3. 运行程序

上传程序。程序运行时，130 直流电动机先顺时针旋转 3000 ms，然后停止 1000 ms，再逆时针旋转 3000 ms。

注意，130 直流电动机运行时千万不要用手触摸小风扇的叶片。可以利用小风扇的风向判断 130 直流电动机的转动方向：如果小风扇前面有风说明 130 直流电动机顺时针转动（正转），否则

130 直流电动机为逆时针转动（反转）。

11.3 编程实训

【实训 11-1】 编写一个模仿自然风的智能小风扇程序，让小风扇吹出的风一会儿大，一会儿小。

1. 编写程序

1）分析

利用 L293D 的速度控制引脚 EN1 控制小风扇的转速，用循环结构程序控制小风扇的转速。在一定的时间内逐渐增加小风扇的转速，然后逐渐降低小风扇的转速，这时小风扇吹出的风就会一会儿大，一会儿小。

用 analogWrite( ) 函数控制小风扇的转速。analogWrite( ) 为模拟输出函数，L293D 的引脚 EN1 必须连接主控板的一个模拟输出引脚。

例如，将小风扇的速度引脚连接主控板的模拟输出引脚 5，设置小风扇的转速为 160 r/min，程序代码为

```
analoglWrite(5,160);
```

2）源代码

程序代码如下。

```
/*实训程序11_1*/
const int mPin1 =3;        //方向控制引脚 IN1
const int mPin2 =4;        //方向控制引脚 IN2
const int vPin3 =5;        //速度控制引脚 EN1
int v;
void setup() {
  pinMode(mPin1,OUTPUT);
  pinMode(mPin2,OUTPUT);
}

void loop() {
  for(v =150;v <=250;v ++);
  {                          //循环体内小风扇的转速从低逐渐升高
    digitalWrite(mPin1,HIGH);
    digitalWrite(mPin2,LOW);
    analogWrite(vPin3,v);
    delay(1000);
  }
  digitalWrite(mPin1,LOW);   //让小风扇停下来
  digitalWrite(mPin2,LOW);
  delay(1000);
  for(v =250;v >=150;v --);
  {                          //循环体内小风扇的转速从高逐渐降低
    digitalWrite(mPin1,HIGH);
```

```
      digitalWrite(mPin2,LOW);
      analogWrite(vPin3,v);
      delay(500);
  }
      digitalWrite(mPin1,LOW);        //让小风扇停下来
      digitalWrite(mPin2,LOW);
      delay(500);
}
```

从源代码可以看出，直流电动机的每个运动姿态的控制需要 3 条语句指令。用数字输出函数 digitalWrite( ) 控制直流电动机的方向，即对引脚 mPin1 输出高电平，对引脚 mPin2 输出低电平；用模拟输出函数 analogWrite( ) 控制直流电动机的速度。

停止直流电动机转动用 digitalWrite( ) 函数分别对引脚 mPin1、mPin2 输出低电平。

2. 电路搭设

实训 11 – 1 程序的直流电动机固定与电路搭设，除了增设速度控制引脚电路外其他部分与示例 11 – 1 程序完全相同，如图 11 – 6 所示。

为了控制直流电动机的速度，需要将 L293D 上的速度控制引脚 EN1 连接主控板的模拟输出引脚 5（与程序中的引脚定义一致），如图 11 – 7 所示。

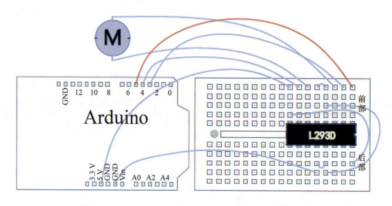

图 11 – 7　实训 11 – 1 程序电路搭设示意

3. 运行程序

上传程序。程序运行时，小风扇的转速逐渐升高，停一会儿后又逐渐降低。

课后思考

1. 一个 H 桥电路共有几个三极管对？它们的作用是什么？

2. L293D 封装了几个 H 桥电路？它可以同时驱动几路直流电动机？

3. 计算机执行下列指令后，直流电动机的运动姿态是什么？请将答案填写在后面的括号中。

（1）digitalWrite(IN1_7,LOW);
digitalWrite(IN2_8,HIGH);
analogWrite(9,100);(　　　　)

（2）digitalWrite(IN1_7,HIGH);
digitalWrite(IN2_8,LOW);
analogWrite(9,155);（   ）

（3）digitalWrite(IN1_7,HIGH);
digitalWrite(IN2_8,HIGH);（   ）

（4）digitalWrite(IN1_7,LOW);
digitalWrite(IN2_8,LOW);（   ）

4. 编写程序，用 L293D 驱动直流电动机以 180 r/min 的速度顺时针旋转 3000 ms，停止 1500 ms，然后逆时针旋转 3000 ms。

第 12 课

教学小车运动控制

12.1 基本要点

12.1.1 教学小车电动机驱动

教学小车是机器人与编程学习中使用的一个硬件平台。教学小车的两个前轮各由一路直流电动机驱动。顺着教学小车前进的方向，左边的电动机驱动左轮，右边的电动机驱动右轮，如图 12 - 1 （a） 所示。

左电动机与右电动机分别由位于主控板下方的 L293D 集成电路驱动，如图 12 - 1 （b） 所示。

L293D 的 16 个功能引脚中：电源引脚 Vmotor、VCC，接地引脚 GND，电动机引脚 OUT1、OUT2、OUT3、OUT4 分别印刷在教学小车底板上，并与相关接口连接；控制电动机方向与速度的引脚 IN1、IN2、EN1 及 EN2、IN3、IN4 在教学小车左轮与面包板之间引出，引脚接口编号为 JP1，如图 12 - 1 （c） 所示。

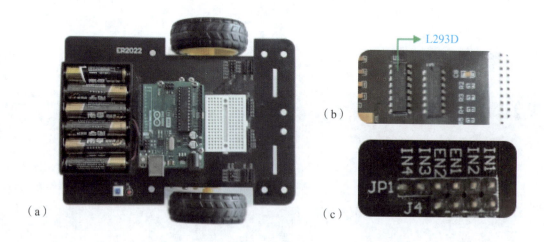

图 12 - 1 教学小车电动机驱动部分示意

在 JP1 引脚接口中，IN1、IN2、EN1 驱动左电动机，EN2、IN3、IN4 驱动右电动机。

12.1.2 教学小车运动姿态控制

教学小车运动姿态是由驱动车轮的电动机运动方向决定的。前面，用顺时针旋转和逆时针旋转来表示电动机的运动方向，但是如此描述教学小车的运动姿态会显得很不方便。因此本书约定：当车轮前进时为正转，当车轮后退时为反转。

根据这一约定，教学小车的左、右轮与引脚 IN1、IN2、IN3、IN4 的关系见表 12 – 1。

表 12 – 1 教学小车运动姿态与 L293D 引脚的关系

车轮	引脚		车轮	引脚	
左轮	IN1	IN2	右轮	IN3	IN4
前进（正转）	HIGH	LOW	前进（正转）	LOW	HIGH
后退（反转）	LOW	HIGH	后退（反转）	HIGH	LOW

表 12 – 1 所示的教学小车运动姿态与 L293D 引脚的关系，是相对于本书使用的教学小车安装的双轴电动机而言的。同学们自制教学小车时，电动机的安装或接线若有所不同，则应进行实际检测，根据检测结果确定教学小车运动姿态的控制方式。

例如检测中，控制教学小车左轮方向的引脚 IN1 为 HIGH，引脚 IN2 为 LOW 时车轮反转，如果要让左轮前进就应该将引脚 IN1 设置为 LOW，将引脚 IN2 设置为 HIGH，或者将连接电动机正极与负极的电路对换。

12.2　应用示例

【示例 12 – 1】　控制教学小车前进、后退、左转、右转、停车。

1. 分析

教学小车前进时，左轮和右轮正转；教学小车后退时左轮和右轮反转；教学小车左转时左轮停止或反转，右轮正转；教学小车右转时右轮停止或反转，左轮正转。

2. 源代码

程序代码如下。

```
/*示例程序12_1*/
const int leftPin1 =3;
const int leftPin2 =4;
const int leftSpeed =5;
const int rightPin3 =7;
const int rightPin4 =8;
const int rightSpeed =6;

void setup() {
  pinMode(leftPin1,OUTPUT);
  pinMode(leftPin2,OUTPUT);
  pinMode(rightPin3,OUTPUT);
  pinMode(rightPin4,OUTPUT);
}
```

```
void loop() {

  /*****************
        前进
   ***************** /
  digitalWrite(leftPin1,HIGH);
  digitalWrite(leftPin2,LOW);
  analogWrite(leftSpeed,100);

  digitalWrite(rightPin3,LOW);
  digitalWrite(rightPin4,HIGH);
  analogWrite(rightSpeed,100);
  delay(1500);

  /*****************
        后退
   ***************** /
  digitalWrite(leftPin1,LOW);
  digitalWrite(leftPin2,HIGH);
  analogWrite(leftSpeed,100);

  digitalWrite(rightPin3,HIGH);
  digitalWrite(rightPin4,LOW);
  analogWrite(rightSpeed,100);
  delay(1500);

  /*****************
        左转
   ***************** /
  digitalWrite(leftPin1,LOW);
  digitalWrite(leftPin2,LOW);

  digitalWrite(rightPin3,LOW);
  digitalWrite(rightPin4,HIGH);
  analogWrite(rightSpeed,100);
  delay(1000);

  /*****************
        右转
   ***************** /
  digitalWrite(leftPin1,HIGH);
  digitalWrite(leftPin2,LOW);
  analogWrite(leftSpeed,100);

  digitalWrite(rightPin3,HIGH);
  digitalWrite(rightPin4,LOW);
  analogWrite(rightSpeed,100);
  delay(1000);

  /*****************
```

```
            停车
************** /
digitalWrite(leftPin1,LOW);
digitalWrite(leftPin2,LOW);

digitalWrite(rightPin3,LOW);
digitalWrite(rightPin4,LOW);
while(1);
}
```

说明如下。

（1）电动机引脚定义。

左电动机的方向控制引脚 IN1、IN2 分别定义在主控板的引脚 3，4，速度控制引脚 EN1 定义在主控板的引脚 5。

右电动机的方向控制引脚 IN3、IN4 分别定义在主控板的引脚 7，8，速度控制引脚 EN2 定义在主控板的引脚 6。

（2）教学小车左转控制。

教学小车左转时，左轮停止不动，右轮正转，这时右轮的运动轨迹为以左轮为圆心的一段圆弧，如图 12 – 2（a）所示。

（3）教学小车右转控制。

在程序代码中，教学小车右转的控制为右轮反转，左轮正转，即

```
igitalWrite(leftPin1,HIGH);        //左轮正转
digitalWrite(leftPin2,LOW);
analogWrite(leftSpeed,100);

digitalWrite(rightPin3,HIGH);      //右轮反转
digitalWrite(rightPin4,LOW);
analogWrite(rightSpeed,100);
```

这种控制方式可以让教学小车快速转弯，并减小转弯半径。两个车轮的运动轨迹为以轮轴中点为圆心的一段圆弧，如图 12 – 2（b）所示。

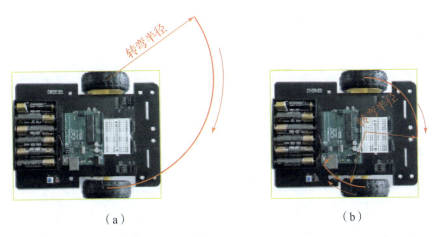

（a）   （b）

图 12 – 2　教学小车转弯轨迹示意

（4）while(1)语句。

因为loop()函数始终从上往下循环执行函数体内的语句，所以当教学小车的姿态控制任务完成后，用while(1)语句使程序永远停止在这里。

3. 电路搭设

1）连接教学小车电动机控制引脚

从教学小车左前方的JP1引脚接口依次将引脚IN1、IN2、EN1、EN2、IN3、IN4连接到主控板的引脚3、4、5、6、7、8，如图12-3所示。

2）连接电源

从教学小车右前方的JP3引脚接口将电源引脚VCC连接主控板的电源引脚5 V，从JP2引脚接口将电源地引脚GND连接主控板的接地引脚GND，如图12-3所示。

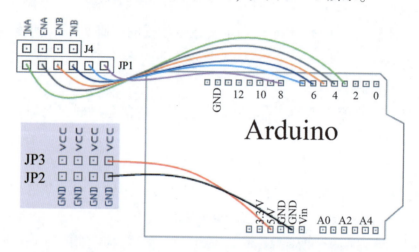

图12-3 示例12-1程序电路搭设示意

4. 运行程序

上传程序，然后拔下数据线，将教学小车放在地面上，打开教学小车电源开关。

教学小车执行完前进、后退、左转、右转动作后便停下来。

12.3 编程实训

【实训12-1】编写红外循迹机器人程序，让红外循迹机器人沿着黑色路面行进。

1. 编写程序

1）分析

红外循迹传感器可以识别黑色与白色。用黑色胶带贴在白色地面上作路面，在教学小车前部安装左、右两路红外循迹传感器用于采集路面信息，让黑色路面位于左、右两个红外循迹传感器的中间。

当两个红外循迹传感器同时采集到白色地面信息时，红外循迹机器人前进；当左红外循迹传感器采集到黑色路面信息时，红外循迹机器人左转；当右红外循迹传感器采集到黑色路面信息时，红外循迹机器人右转，如图 12 - 4 所示。

左红外循迹传感器

右红外循迹传感器

图 12 - 4   红外循迹机器人与路面位置关系示意

2）源代码

程序代码如下。

```
/*实训程序12_1*/
const int leftPin1 =3;            //声明电动机引脚变量
const int leftPin2 =4;
const int leftSpeed =5;
const int rightPin3 =7;
const int rightPin4 =8;
const int rightSpeed =6;

const int leftSensor =10;         //声明红外循迹传感器引脚变量
const int rightSensor =11;
int cL,cR;                        //声明红外循迹传感器信号变量

void setup() {
  pinMode(leftPin1,OUTPUT);       //定义电动机引脚工作模式
  pinMode(leftPin2,OUTPUT);
  pinMode(rightPin3,OUTPUT);
  pinMode(rightPin4,OUTPUT);

  pinMode(leftSensor,INPUT);      //定义红外循迹传感器引脚工作模式
  pinMode(rightSensor,INPUT);
}

void loop() {
  cL =digitalRead(leftSensor);    //读红外循迹传感器引脚信号
  cR =digitalRead(rightSensor);

  if(cL ==HIGH&&cR ==HIGH)
  {
    digitalWrite(leftPin1,HIGH);  //前进
    digitalWrite(leftPin2,LOW);
    analogWrite(leftSpeed,100);

    digitalWrite(rightPin3,LOW);
    digitalWrite(rightPin4,HIGH);
    analogWrite(rightSpeed,100);
```

```
        }
    if(cL == LOW&&cR == HIGH)
    {
        digitalWrite(leftPin1,LOW);        //左转
        digitalWrite(leftPin2,LOW);

        digitalWrite(rightPin3,LOW);
        digitalWrite(rightPin4,HIGH);
        analogWrite(rightSpeed,100);
    }
    if(cL == HIGH&&cR == LOW)
    {
        digitalWrite(leftPin1,HIGH);        //右转
        digitalWrite(leftPin2,LOW);
        analogWrite(leftSpeed,100);

        digitalWrite(rightPin3,LOW);
        digitalWrite(rightPin4,LOW);
    }
    if(cL == LOW&&cR == LOW)
    {
        digitalWrite(leftPin1,LOW);        //停车
        digitalWrite(leftPin2,LOW);

        digitalWrite(rightPin3,LOW);
        digitalWrite(rightPin4,LOW);
    }
}
```

说明如下。

（1）源代码中电动机引脚的声明和引脚工作模式的定义与示例 12 - 1 程序相同。

（2）在 setup（）函数中，定义红外循迹传感器信号引脚的工作模式为 INPUT。

（3）在 loop（）函数体的首部，用读数字信号函数 digitalRead（）读取左、右红外循迹传感器的探测信号，分别赋给左红外循迹传感器信号变量 cL、右红外循迹传感器信号变量 cR。

（4）用 4 个 if 语句对读取的信号进行判断和选择：如果左、右红外循迹传感器同时探测到白色（HIGH），则红外循迹机器人前进；如果左红外循迹传感器探测到黑色（LOW），右红外循迹传感器探测到白色，则红外循迹机器人左转；如果左红外循迹传感器探测到白色，右红外循迹传感器探测黑色，则红外循迹机器人右转；如果两个红外循迹传感器同时探测到黑色，则红外循迹机器人停车。

2. 电路搭设

1）固定红外循迹传感器

用 2 根 23 mm 长的钢柱、4 颗螺丝、2 个垫片，将两个红外循迹传感器分别固定在教学小车前端底部的左、右两侧。两个红外循迹传感器的红外探头间距适当大于黑色胶带的宽度，如图 12 - 5 所示。

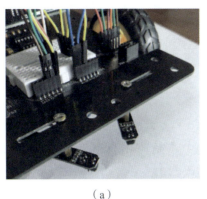 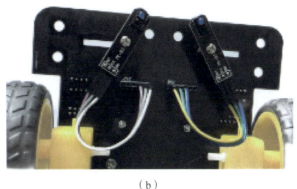

（a）　　　　　　　　　　　　　（b）

图 12 – 5　红外循迹传感器固定示意

（a）教学小车上部；（b）教学小车底部

2）连接红外循迹传感器电路

（1）底部电路连接。

用 6 根 10 cm 公对母的跳线分别将红外循迹传感器的引脚 OUT、VCC、GND 连接到教学小车底部的 JS7（右红外循迹传感器）、JS8（左红外循迹传感器）引脚接口，如图 12 – 5（b）所示。

（2）上部电路连接。

从教学小车前端上部 JS3 的引脚 7、8 将右红外循迹传感器的引脚 GND、VCC 连接到面包板上，再从面包板对应连接主控板的引脚 GND、5 V；从 JS3 的引脚 9 将红外循迹传感器的信号引脚连接主控板的引脚 11。

从教学小车前端上部 JS4 的引脚 4、5 将左红外循迹传感器的引脚 GND、VCC 在面包板上与右红外循迹传感器的引脚 GND、VCC 对应连接在一起；从 JS4 的引脚 6 将红外循迹传感器的信号引脚连接主控板的引脚 10。

具体如图 12 – 5（a）、图 12 – 6 所示。

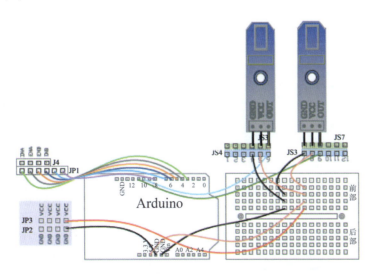

图 12 – 6　实训 12 – 1 程序电路搭设示意

（1）连接教学小车电动机。

教学小车电动机驱动连接与示例 12 – 1 程序相同，如图 12 – 3、图 12 – 6 所示。

（2）连接电源。

将教学小车右前部的电源引脚 VCC 在面包板上与红外循迹传感器的电源引脚连接在一起，将接地引脚 GND 连接到主控引脚 GND，如图 12 - 6 所示。

3. 运行程序

1）场地布置

用黑色胶带在白色地面上大致铺设出图 12 - 7 所示的红外循迹机器人循迹轨迹，轨迹终点的尺寸 b 为胶带宽度的 2 倍。

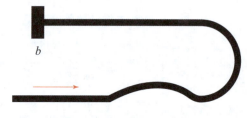

图 12 - 7　场地布置示意

2）循迹

将实训 12 - 1 程序上传到主控板，然后拔下数据线，将红外循迹机器人放在图 12 - 7 中红色箭头所示的位置，打开电源开关，红外循迹机器人沿着黑色"路面"前进。

红外循迹机器人行驶到终点时，在两个红外循迹传感器同时探测到黑色路面信息后便停下来。

课后思考

编写一个红外循迹机器人程序。用两路红外循迹传感器探测路面信息，当左、右两路红外循迹传感器同时探测到黑色路面时红外循迹机器人前进，否则，红外循迹机器人左转或右转。

TB6612FNG 电动机驱动模块

驱动直流电动机除了使用 L293D 外，还可以使用 L298N、TB6612 等其他芯片。这些芯片内部都封装了两组 H 桥电路。不过，L298N 和 TB6612 不能像 L293D 那样可以直接使用，在使用前还需要增设一些外围电路。因此，学习中使用集成好的电动机驱动模块是很方便的。

本课主要认识与了解 TB6612FNG 电动机驱动模块的基本原理和使用方法。

13.1 基本要点

13.1.1 TB6612FNG 模块的工作参数

TB6612FNG 模块如图 13－1 所示，模块中间为 TB6612 芯片，模块两边从芯片引出共 16 个功能引脚。

图 13－1 TB6612FNG 模块

TB6612FNG 模块的工作参数如下。

工作电压：2.7～5.5 V；

驱动电压：4.5～10 V；

工作电流：1.2 A；

峰值电流：3.2 A。

其中，工作电压为驱动芯片的电压，即 VCC；驱动电压为驱动电动机的电压，即 VM。

13.1.2 TB6612FNG 模块引脚功能

TB6612FNG 模块共有 16 个引脚，实物中的引脚标识在模块的反面。为了便于电路搭设，这里将各引脚的功能标识在模块示意图的上方，并以 TB6612 芯片位置作为参照，如图 13-2 所示。

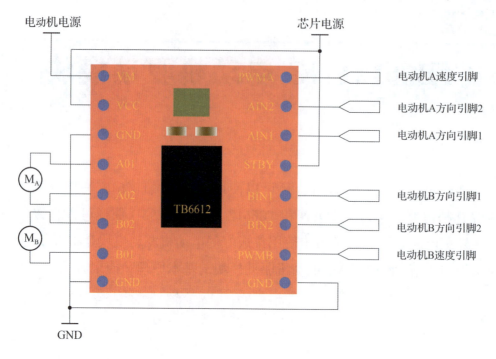

图 13-2　TB6612FNG 模块示意

各引脚的功能与连接方式如下。

VM：电动机驱动电压引脚，一般为 4.5~10 V，使用时可以连接 5 V 电源。

VCC：芯片驱动电压引脚，为 2.7~5.5 V，使用时连接 5 V 电源。

GND：接地引脚，该模块共 3 个 GND 引脚，使用时与主控板的 GND 引脚连接。

A01、A02：电动机 M_A 的输出引脚，连接 A 路电动机，A01 连接电动机正极，A02 连接电动机负极。

B01、B02：电动机 M_B 的输出引脚，连接 B 路电动机，B01 连接电动机正极，B02 连接电动机负极。

PWMA：电动机 M_A 的速度控制引脚，连接主控板的模拟输出引脚。

PWMB：电动机 M_B 的速度控制引脚，连接主控板的模拟输出引脚。

AIN1、AIN2：电动机 M_A 的方向控制引脚，连接主控板的数字引脚。

BIN1、BIN2：电动机 M_B 的方向控制引脚，连接主控板的数字引脚。

STBY：工作状态控制引脚，高电平使能芯片，低电平进入待机状态，使用时可以将其连接 VCC 引脚。

13.1.3　TB6612FNG 模块对电动机的控制

TB6612 芯片的两个 H 桥电路分别驱动 A 路和 B 路电动机，每路电动机的控制方式完全相同。

引脚 AIN1、AIN2 控制 A 路电动机的方向，引脚 PWMA 控制 A 路电动机的速度；引脚 BIN1、BIN2 控制 B 路电动机的方向，引脚 PWMB 控制 B 路电动机的速度。以 A 路电动机为例，方向与速度的控制关系见表 13 – 1。

表 13 – 1   TB6612FNG 模块对电动机的逻辑控制

AIN1	AIN2	PWMA	电动机运动状态
HIGH	LOW	≤255	顺时针转动
LOW	HIGH	≤255	逆时针转动
LOW	LOW	—	停止转动
HIGH	HIGH	—	电动机抱闸（刹车）

13.2   应用示例

【示例 13 – 1】   用 TB6612FNG 模块控制 130 直流电动机的运动。

1. 分析

使用 TB6612FNG 模块，根据表 13 – 1 所示的逻辑控制关系，分别控制 130 直流电动机顺时针转动、逆时针转动和停止转动。

用 TB6612FNG 模块的 A 路 H 桥电路控制 130 直流电动机，即用引脚 AIN1、AIN2 控制 130 直流电动机的转动方向，用引脚 PWMA 控制 130 直流电动机的速度。

2. 源代码

程序代码如下。

```
/*示例程序 13_1*/
const int mPin1 = 3;            //声明 AIN1 引脚 3 的变量
const int mPin2 = 4;            //声明 AIN2 引脚 4 的变量
const int mSpeed = 5;            //声明 PWMA 引脚 5 的变量

void setup() {
  pinMode(mPin1,OUTPUT);
  pinMode(mPin2,OUTPUT);
}

void loop() {
  /*******************
        顺时针转动
   ******************* /
  digitalWrite(mPin1,HIGH);
  digitalWrite(mPin2,LOW);
  analogWrite(mSpeed,120);
  delay(3000);
  /*******************
        逆时针转动
   ******************* /
  digitalWrite(mPin1,LOW);
```

```
digitalWrite(mPin2,HIGH);
analogWrite(mSpeed,120);
delay(3000);
 /********************
          电机停止
 ********************/
digitalWrite(mPin1,LOW);
digitalWrite(mPin2,LOW);
  delay(1000);
}
```

3. 电路搭设

将 TB6612FNG 模块骑插在面包板上，模块上有贴片电容的一端朝向 JP1 引脚接口，如图 13-3 所示，然后对照图 13-2 所示的引脚标识符将相关引脚连接到主控板与 130 直流电动机。

为方便起见，先将其他电路搭设好，最后连接 130 直流电动机。

1）连接 TB6612FNG 模块电源与地

将 TB6612FNG 模块的引脚 VM、VCC 分别连接教学小车的电源引脚 VCC，3 个 GND 引脚连接主控板的 GND 引脚。

2）连接速度与方向控制引脚

将 TB6612FNG 模块的速度控制引脚 PWMA 连接主控板的模拟输出引脚 5，方向控制引脚 AIN1、AIN2 依次连接主控板的引脚 3、4。

3）连接工作状态控制引脚

将 TB6612FNG 模块的引脚 STBY 连接教学小车的电源引脚 VCC。注意，如果引脚 STBY 悬空，则 TB6612FNG 模块不会工作。

4）连接 130 直流电动机

连接前，先将 130 直流电动机固定在教学小车头部。固定方法见第 10 课的图 10-5，然后将 130 直流电动机的正极与 TB6612FNG 模块的引脚 A01 连接，负极与引脚 A02 连接。

5）连接主控板电源

从教学小车电源引脚 VCC 连接主控板电源引脚 5 V，教学小车接地引脚 GND 连接主控板的引脚 GND。

示例 13-1 程序电路搭设示意如图 13-3 所示。

4. 运行程序

上传程序。运行程序时，可以使用 USB 数据线直接供电，这时教学小车上的 4 个 VCC 引脚相当于面包板上 4 个贯通的插孔；也可以拔下 USB 数据线后打开教学小车电源开关，使用教学小车电源供电。

程序运行时，小风扇顺时针旋转 3000 ms，再逆时针旋转 3000 ms，然后停止 1000 ms。

注意，上传程序时手不要碰到小风扇的叶片，以免伤手。

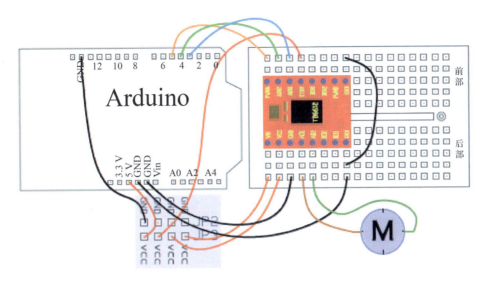

图 13 –3 示例 13 –1 程序电路搭设示意

13.3 编程实训

【实训 13 –1】 编写程序，用 TB6612FNG 模块随机控制小风扇的转速与吹风的时间。

1. 编写程序

1）分析

随机控制小风扇的转速与吹风的时间，就是要求小风扇模拟自然界的阵风，转速时大时小，间隙时长时短。

为此，在程序中需要引入随机函数 random( )、randomSeed( )。

引入随机函数后，用一个随机数的值控制小风扇的转速，用另一个随机数的值控制持续该转速的时间，这样小风扇吹出的风就没有任何规律了。

2）源代码

程序代码如下。

```
/*实训程序13_1*/
const int mPin1 =3;
const int mPin2 =4;
const int mSpeed =5;
int i,av,at;                        //定义循环变量i,随机数变量av,at

void setup() {
  pinMode(mPin1,OUTPUT);
  pinMode(mPin2,OUTPUT);
  randomSeed(analogRead(A0));       //随机种子函数
}

void loop() {
    av = random(90,256);            //转速随机值
```

```
at = random(5,26);                    //吹风时间随机值
for(i = 90;i <= av;i ++)
{
    digitalWrite(mPin1,HIGH);
    digitalWrite(mPin2,LOW);
    analogWrite(mSpeed,i);
    delay(at);
}
for(i = av;i >= 90;i --)
{
    digitalWrite(mPin1,HIGH);
    digitalWrite(mPin2,LOW);
    analogWrite(mSpeed,i);
    delay(at);
}
}
```

说明如下。

在源代码中，电动机控制引脚的声明与定义同示例 12 - 1 程序；在 setup( ) 函数中定义了随机种子函数 randomSeed( )。

随机数变量 av 用于设置小风扇的转速；at 用于控制小风扇在转速 av 下吹风的时间系数 5 ~ 25。

在 loop( ) 函数中调用随机函数，分别生成 av、at 两个随机数，然后在第一个 for 语句中小风扇的转速从 90 r/min 逐渐增加到 av，每次循环延时 at 毫秒。

例如，当随机变量 av 为 200，at 为 8 时，小风扇的转速从 90 r/min 增加到 200 r/min，吹风时间为 (200 - 90) × 8 共 880 ms。

第二个 for 语句的功能是使小风扇的转速从高变低。

2. 电路搭设

小风扇的固定与电路搭设同示例 13 - 1 程序，如图 13 - 3 所示。

3. 运行程序

上传程序。程序开始运行后会发现小风扇吹出的风毫无规律。

课后思考

1. TB6612FNG 模块可以同时驱动几路电动机？它的 STBY 引脚的功能是什么？

2. 修改实训 13 - 1 程序及图 13 - 3 所示的电路搭设，用 TB6612FNG 模块的 B 路电动机驱动电路驱动 130 直流电动机，并上机体验。

第 5 单元
写函数

● 函数的定义与调用

● 函数的返回值与变量的作用域

第 *14* 课

函数的定义与调用

14.1　基本要点

函数有库函数和自定义函数之分。这里所讲函数的定义与调用为 Arduino C 程序的自定义函数。

在 Arduino C 框架内自定义函数和使用自定义函数，除了函数声明的规定有所不同外，与 C 语言程序中函数的定义与使用没有任何区别。

14.1.1　函数的定义

Arduino C 程序中，用自定义函数实现程序的某些特定的功能具有很强的实用性。使用函数能使代码得到很好的组织，便于程序的修改和阅读。

1. 函数定义的一般形式

函数定义的一般形式如下。

```
函数类型 函数名(形式参数列表)
{
    函数体;
}
```

1）函数类型

函数类型是指这个函数最终执行结果（返回值）的数据类型。

例如：用一个自定义函数计算"3 + 2"的和，计算结果为 5，数据类型为 int 型，那么这个自定义函数的函数类型为 int 型；如果计算"3.5 – 2.0"，则计算结果为 1.5，则该函数的函数类型为 float 型。

2）函数名

函数名是一个自定义函数的名称。函数名应该是一个唯一、合法的标识符。

3）形式参数列表

形式参数简称形参，形式参数列表是对一个或多个变量的说明。如果有多个形参，则每个形参用逗号隔开。例如：

```
int      myF(int x, int y, float z)
函数类型 函数名(形式参数列表)
```

每个形参包括形参的数据类型和变量名两部分；形参的数据类型在形参列表中说明后，就不需要在函数体内或其他地方再声明了。

注意，并不是每个自定义函数都需要形参。有形参的函数称为有参函数，没有形参的函数称为无参函数。

4）函数体

函数体是由一对花括号括起来的一组复合语句。函数体一般包括声明部分和执行部分，声明部分放在执行部分上部。例如：

```
{

    声明部分;

    执行部分;

}
```

2. 函数定义示例

定义一个函数，控制教学小车前进和后退。函数定义如下。

```
void motorF(int x, int y)
{
  /*前进*/
  digitalWrite(3,HIGH);
  digitalWrite(4,LOW);
  analogWrite(5,x);
  delay(2500);
  /*后退*/
  digitalWrite(3,HIGH);
  digitalWrite(4,LOW);
  analogWrite(5,y);
  delay(2500);
}
```

示例函数说明如下。

（1）函数类型为 void。这是一个特殊的函数类型，称为空类型。这个函数的功能除了驱动教学小车运动外，没有产生任何类型的数据，也没有返回值。

定义没有返回值的函数时，它的数据类型为 void（空类型）。

（2）函数名为 motorF，意为电动机驱动函数。

（3）函数参数 int x、int y 为电动机速度参数。两个参数的数据类型为整型；变量 x 代表教学小车前进时电动机的速度，变量 y 代表教学小车后退时电动机的速度。

注意，未给当两个形参传递具体的值前它们没有任何实际意义，只是形式上的参数而已。

14.1.2 函数的声明与定义

Arduino C 程序的函数声明没有"先声明、后使用"的要求，不需要将一个自定义函数的原型声明放在使用这个函数之前的某一位置。定义函数时，一般将自定义函数放在 loop( ) 函数的后面，见示例 14 - 1 程序。

注意，不能在一个已有函数内部定义函数。例如，不能在 setup( )、loop( ) 函数或自定义函数中再定义一个函数。

14. 1. 3　函数的调用

一个函数使用另一个函数叫作函数的调用，前者叫作主调函数，后者叫作被调函数。
自定义函数只有通过调用才能实现它的功能。

1. 函数调用的一般形式

函数调用的一般形式如下。

函数名(实际参数列表)

（1）函数名是自定义函数的名称，如 motorF。

（2）实际参数简称实参。当一个被调函数为有参函数时，主调函数通过实参列表给形参传递具体的值。

（3）实参可以是常量、有确定值的变量或表达式。

在实参列表中，参数的个数、顺序及变量的数据类型要与形参列表一一对应。例如，用函数调用语句调用自定义函数 motorF( )，则

```
…
motorF(200,150);              //调用自定义函数 motorF()
…
void motorF(int x, int y)     //被调函数(自定义函数)
…
```

在自定义函数中，两个形参的数据类型都是 int 型，第一个参数变量为教学小车前进的速度，第二个参数变量为教学小车后退的速度。那么，实参列表就必须与这个形参列表一一对应，即整型数据 200 与 int x 对应，整型数据 150 与 int y 对应。

2. 函数的参数传递

在函数调用过程中，如果调用有参函数，则主调函数通过调用语句将实参传递被调函数的形参。当被调函数接收到主调函数传递的实参后便可以执行相应的函数功能了，如图 14 - 1 所示。

通过参数传递，图 14 - 1 所示的"analogWrite(5, x)；"语句中的参数 x 就有了一个确定的值。

当然，如果被调函数是无参函数，则函数调用语句就没有实参列表了，如 motorF( )。

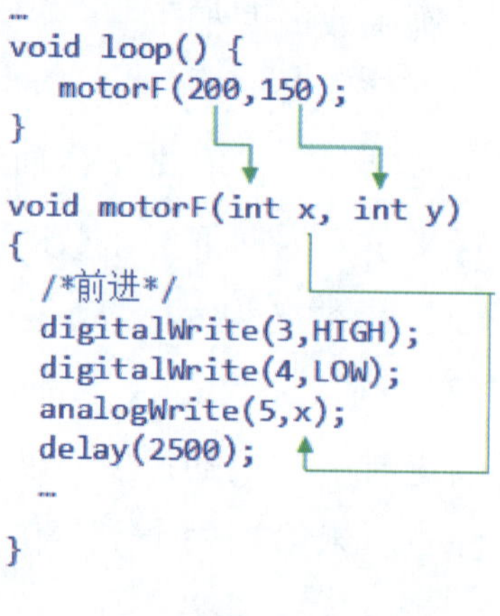

```
…
void loop() {
   motorF(200,150);
}

void motorF(int x, int y)
{
   /*前进*/
   digitalWrite(3,HIGH);
   digitalWrite(4,LOW);
   analogWrite(5,x);
   delay(2500);
   …
}
```

图 14 - 1　函数参数传递示意

14.2 应用示例

【示例 14 – 1】 用自定义函数实现蜂鸣器鸣叫的功能。

1. 分析

让蜂鸣器鸣叫,只要对蜂鸣器的信号引脚(长引脚)输出高电平即可,函数不需要任何参数,是一个无参函数;同时,函数的执行结果是蜂鸣器鸣叫,没有任何需要返回的数据,即没有返回值,是一个空类型函数,因此该函数的类型为 void。

如果将函数命名为 buzzerF,则函数原型为 void buzzeF( )。

2. 源代码

程序代码如下。

```
/*示例程序14_1*/
const int bPin =3;
void setup() {
  pinMode(bPin,OUTPUT);
}

void loop() {
  buzzerF();                 //调用函数
}

void buzzerF()               //定义函数
{
  digitalWrite(3,HIGH);
  delay(1000);
  digitalWrite(3,LOW);
  delay(500);

}
```

在源代码中,自定义函数被放在 loop( )函数的下方,函数类型为 void,是一个无参函数。函数体内为实现蜂鸣器鸣叫功能的语句。

loop( )函数为主调函数。由于被调函数是一个无参函数,所以函数调用语句 buzzerF( )中没有任何参数。

3. 电路搭设

将蜂鸣器插在面包板上,长引脚连接主控板的引脚 3,短引脚连接主控板的引脚 GND,如图 14 – 2 所示。

4. 运行程序

上传程序。程序运行时,蜂鸣器鸣叫 1000 ms,然后停止 500 ms,接着蜂鸣器又开始鸣叫。

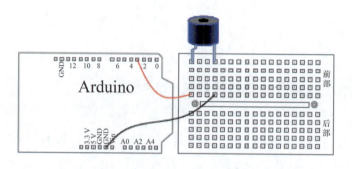

图 14 - 2　示例 14 - 1 程序电路搭设示意

14.3　编程实训

【实训 14 - 1】　用触碰传感器控制蜂鸣器鸣叫，用自定义函数实现蜂鸣器鸣叫功能。当触碰传感器被按下时蜂鸣器开始鸣叫，当触碰传感器再次被按下时蜂鸣器停止鸣叫。

1. 编写程序

1）分析

在主调函数 loop( ) 中读取触碰传感器的信号，然后调用自定义函数实现蜂鸣器鸣叫功能。触碰传感器每被按下一次就调用一次自定义函数。

将自定义函数命名为 buzzerF2，它可以不需要参数，也没有返回值，因此该自定义函数为一个空类型的无参函数。函数原型为 void buzzerF2( )。

在 buzzerF2( ) 函数中，为了使触碰传感器对蜂鸣器的鸣叫与静音两种状态进行切换，可以定义一个逻辑变量 b。buzzerF2( ) 函数每次被调用时对变量 b 取一次非（!b），当 b == 1 时蜂鸣器鸣叫，当 b == 0 时蜂鸣器恢复静音状态。

2）源代码

程序代码如下。

```
/*实训程序14_1*/
const int bPin =3;              //定义蜂鸣器引脚变量
const int sPin =4;              //定义触碰传感器引脚变量
int a,b =0;
void setup() {
  pinMode(bPin,OUTPUT);
  pinMode(sPin,INPUT);
}

void loop() {
  a =digitalRead(sPin);
  delay(200);
  if(a ==LOW)
  buzzerF2();                    //调用函数
}
```

```
void buzzerF2()                        //自定义函数
{
  b = ! b;
  if(b == 1) digitalWrite(3,HIGH);
  if(b == 0) digitalWrite(3,LOW);
}
```

说明如下。

程序首部变量 a 为触碰传感器的信号变量，变量 b 为用于切换蜂鸣器声音状态的逻辑变量。变量 b 被初始化为 0，在自定义函数中第一次对它取非时 b 的值变为 1。

在 loop( ) 函数中调用自定义函数 buzzerF2( )，调用的条件是 "if(a == LOW)"，即如果触碰传感器被按下就调用函数 buzzerF2( )。

在 buzzerF2( ) 函数中，首先对变量 b 取非，即 b = ! b。根据前面的说明分析，buzzerF2( ) 函数第一次被调用时对 b 取非 b == 1，第二次被调用时对 b 取非 b == 0，第三次 b == 1，第四次 b == 0，因此 b 的值总是在 1 和 0 之变换；然后用 if 语句进行选择，就实现了蜂鸣器在鸣叫和静音两种状态之间切换。

2. 电路搭设

将触碰传感器插在面包板上，它的信号引脚 OUT、电源引脚 VCC、接地引脚 GND 依次对应连接主控板的引脚 4、5 V、GND。

蜂鸣器电路搭设同示例 14 - 1 程序。

实训 14 - 1 程序电路搭设示意如图 14 - 3 所示。

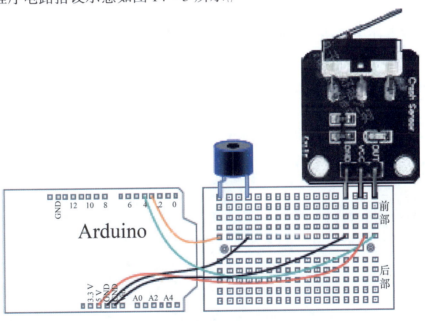

图 14 - 3　实训 14 - 1 程序电路搭设示意

3. 运行程序

上传程序。程序开始运行后蜂鸣器处于静音状态，当按下触碰传感器后蜂鸣器开始鸣叫，再次按下触碰传感器后蜂鸣器停止鸣叫。

1. 写出下面各项的函数原型，函数名及有参函数的参数类型与个数自定。

（1）整型无参函数：＿＿＿＿＿＿＿＿＿＿＿＿＿＿＿＿＿＿＿＿＿

（2）整型有参函数：＿＿＿＿＿＿＿＿＿＿＿＿＿＿＿＿＿＿＿＿＿

（3）空类型有参函数：＿＿＿＿＿＿＿＿＿＿＿＿＿＿＿＿＿＿＿＿

（4）浮点型有参函数：＿＿＿＿＿＿＿＿＿＿＿＿＿＿＿＿＿＿＿＿

2. 下面有两个自定义函数，对于函数调用语句，正确的在后面的括号中打"√"，错误的在后面的括号中打"×"。

函数原型：

（1）void cf1()

（2）int cf2(float x,int y,float z)

函数调用语句：

（1）void cf1();　　　　　　　　　　　　　　　　　　　　　（　　）

（2）cf1();　　　　　　　　　　　　　　　　　　　　　　　（　　）

（3）cf2(125,135,145);　　　　　　　　　　　　　　　　　（　　）

（4）cf2(5.0,10,15.0);　　　　　　　　　　　　　　　　　（　　）

3. 编写程序，在程序中调用下面所示的自定义函数，让教学小车右转。左轮电动机转速为120 r/min，右轮电动机转速为90 r/min，并上机验证。

```
void mtr(int left_v, int right_v)
{
  digitalWrite(3,HIGH);
  digitalWrite(4,LOW);
  analogWrite(5,left_v);

  digitalWrite(7,HIGH);
  digitalWrite(8,LOW);
  analogWrite(6,right_v);
}
```

第 *15* 课

函数的返回值与变量的作用域

15.1 基本要点

15.1.1 函数的返回值

函数的返回值指函数被调用、执行完后，返回给主调函数的值。

1. 函数的返回语句

当一个函数被调用、执行后，需要将一个值返回给主调函数时用返回语句返回这个值。返回语句的一般形式如下。

```
return 表达式；
```

2. 返回语句的特点

（1）返回语句的返回值只有一个。当函数执行到 return 语句后返回主调函数，并带回返回值。

（2）函数内可以有多条返回语句，但是函数执行任意一个 return 语句后，都会返回主调函数并带回返回值，不再执行其他 return 语句。

（3）当函数没有返回值，或不需要返回值时，返回语句没有"表达式"，只写成

```
return；
```

也可以省略 return 语句。

（4）无返回值的函数类型为 void，反过来 void 类型的函数没有返回值。

例如：在串口监视器中查看函数 myF(int x,int y) 的返回值。

```
int a =3,b =10,r;
void setup(){
    Serial.begin(9600);
}

void loop(){
    r =myF(a,b);              //调用函数 myF()
    Serial.println(r);
    delay(1000);
```

```
    }

int myF(int x,int y)
{
    int m,n;
    if(x <= y)
    {
        m = x + 1;
        return m;              //返回 m 的值
    }
    n = y - 1;
    return n;                  //返回 n 的值
}
```

运行程序后，通过串口监视器可以看到 r 的值为 4，即函数执行到第一个 return 语句后带着返回值返回主调函数，不会执行后面剩下的语句。

如果将函数中的 if(x <= y)条件语句修改为 if(x > y)，同学们看看 r 的值是多少。

15.1.2 变量的作用域

当程序中有多个函数时，定义的每个变量只能在一定的范围内被访问，这个范围称为变量的作用域。

按作用域划分，可以将变量分为局部变量和全局变量。

1. 局部变量

在一个函数内部定义的变量或在一个复合语句内定义的变量称为局部变量。

例如：

```
int myF1(int x,int y)
{
    int a;                //局部变量 a,作用域为整个 myF1()函数
    ...
    if(x > a)
    {
        int s;            //局部变量 s,作用域为此处的复合语句
        s = x + a;
        ...
    }
    ...
}
```

局部变量的作用域仅限于定义它的函数或复合语句中，任意一个函数都不能访问其他函数中的局部变量。因此，在不同的函数中可以定义同名的局部变量。

例如，如果在函数 myF1()中定义了一个变量 int a，在函数 myF2()中也可以定义变量 int a，它们代表两个不同的变量。

另外，函数的形参也是局部变量。例如在函数 myF1(int x, float y)中，x，y 是局部变量。

2. 全局变量

在所有函数外部定义的变量为全局变量。全局变量的作用域为从定义的位置开始到整个源程序文件结束。

例如：

```
int a,b;           //变量 a,b 的作用域为下面的全部函数
void setup() {
   ...
}

float m,n;         //变量 m,n 的作用域为下面的 3 个函数
void loop() {
   ...
}

int s,t;           //变量 s,t 的作用域为下面的 2 个函数
void f1()
{
   ...
}

int x,y;                //变量 x,y 的作用域为 f2()函数
int f2(int v1,int v2)
{
   ...
}
```

初学时，可以把全局变量一律定义在整个源程序文件的首部。

15.2 应用示例

【示例 15-1】 用触碰传感器控制生成一个随机数，然后判断这个随机数是奇数还是偶数，如果是奇数则点亮 1 只 LED 灯，如果是偶数则点亮 2 只 LED 灯。用一个函数生成并判断随机数的奇偶性；用另一个函数实现开关 LED 灯的功能。

1. 编写程序

1）分析

根据示例要求，在主调函数 loop( )中读取触碰传感器的信号，然后分别调用两个自定义函数实现相应的功能。

将生成随机数的函数命名为 randomF，该函数不需要形参，但需要返回代表随机数奇偶性的值，因此该函数是一个有返回值的无参整型函数。函数原型为 int randomF( )。

将点亮 LED 灯的函数命名为 ledF，该函数既不需要形参，也没有返回值，因此它是一个空类型无参函数。函数原型为 void ledF( )。

2）源代码

程序代码如下。

```
/*示例程序15_1*/
const int sP=4;                  //触碰传感器信号引脚
const int led1P=5;               //LED灯引脚
const int led2P=6;
int r;                           //定义全局变量r
void setup() {
  pinMode(sP,INPUT);
  pinMode(led1P,OUTPUT);
  pinMode(led2P,OUTPUT);
  randomSeed(analogRead(A0));    //调用随机数种子函数
}


void loop() {
  int a;                         //定义局部变量a
  a=digitalRead(sP);
  delay(200);
  if(a==0)
  {
    r=randomF();
    ledF();
  }
}


/*生成随机数函数*/
int randomF()
{
  int a;                         //定义局部变量a
  a=random(1,100);
  if(a%2!=0)
  {
    r=1;                         //使用全局变量r
    return r;                    //随机数为奇数时返回r的值
  }
  r=2;
  return r;                      //随机数为偶数时返回r的值
}


/*点亮LED灯函数*/
void ledF()
{
  if(r==1)                       //使用全局变量r
  {
    digitalWrite(led1P,HIGH);
    delay(1000);
    digitalWrite(led1P,LOW);
  }
  if(r==2)                       //使用全局变量r
```

```
    {
    digitalWrite(led1P,HIGH);
    digitalWrite(led2P,HIGH);
    delay(1000);
    digitalWrite(led1P,LOW);
    digitalWrite(led2P,LOW);
    }
}
```

说明如下。

在源程序文件首部定义了一个全局变量 r。变量 r 的作用域为位于它后面的 setup()、loop()、randomF()、ledF()4 个函数，但只在后面的两个函数中被用到。

在 loop()函数和 random()函数中分别定义了同名变量 a，变量 a 是局部变量。第一个变量 a 的作用域为 loop()函数，第二个变量 a 的作用域为 randomF()函数，两个 a 被视为不同的变量。

在 randomF()函数的两个 return 语句中，第二个 return 语句没有用选择语句进行判断，而是直接返回 r = 2 时的值。因为，如果 r = 1，则函数执行到第一个 return 语句后就返回主调函数了，不再执行后面剩下的语句；如果 r = 2，则函数执行第一个 return 语句的条件不成立，函数执行第二个 return 语句。

2. 电路搭设

将触碰传感器插在面包板上，它的信号引脚 OUT、电源引脚 VCC、接地引脚 GND 依次对应连接主控板的引脚 4、5 V、GND。

将两只 LED 灯分别插在面包板上，它们的长引脚依次连接主控板的引脚 5、6，它们的短引脚先在面包板上连接到一起，再连接到主控板的引脚 GND。

示例 15 - 1 程序电路搭设示意如图 15 - 1 所示。

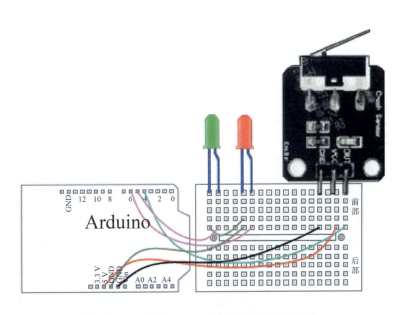

图 15 - 1　示例 15 - 1 程序电路搭设示意

117

3. 运行程序

上传程序。反复按下触碰传感器，随机数为奇数时点亮一只 LED 灯，延时 1000 ms；随机数为偶数时点亮两只 LED 灯，延时 1000 ms。

15.3 编程实训

【实训 15 – 1】 编写一个用灰度传感器循迹的机器人程序，用自定义函数实现循迹功能。

1. 编写程序

1）分析

（1）灰度传感器与灰度值。

灰度传感器是一种模拟传感器。灰度传感器上有一个发光二极管和一个光敏电阻。在一定的范围内，发光二极管发出的白光照射在物体的表面物体就会将光线反射回来。如果物体表面的颜色不同，反射光线的强度也不同。

光敏电阻负责接收反射回来的光线。由于反射光线的强度不同，所以光敏电阻的阻值也不同。这时，可以反过来根据光敏电阻的不同阻值，获取物体颜色的灰度信息。

物体灰度值的范围如图 15 – 2 所示。

图 15 – 2　物体灰度值的范围

灰度值的等级为 0 ~ 255，从主控板的模拟输入引脚读取灰度传感器的模拟量的范围为 0 ~ 1023。在程序设计中可以直接使用读取的模拟信号值，不必将它换算成 0 ~ 255 范围内的值。

（2）循迹函数

用教学小车制作循迹机器人，为了使程序更加清晰，用两个自定义函数分别驱动教学小车的左电动机与右电动机。

很明显，两个函数需要用形参控制车轮电动机的方向与速度，但没有返回值，因此需要两个空类型的有参函数。

（3）调用函数。

在 loop( ) 函数中根据灰度传感器探测的信号，调用函数控制机器人的运动姿态，让机器人始终沿着黑色路面行进。

在编写程序前，先设定一个黑色胶带的灰度值 b，如 $b = 60$，上传程序前根据实测结果修改 b 的值。

2）源代码

程序代码如下。

```
/* 实训程序 15_1 */
const int mL_pin1 =3;              //声明电动机方向与速度引脚变量
const int mL_pin2 =4;
const int mL_en1 =5;
const int mR_en2 =6;
const int mR_pin3 =7;
const int mR_pin4 =8;

const int sL =A0;                 //声明左、右灰度传感器引脚变量
const int sR =A1;
int vaL,vaR;                      //声明左、右灰度传感器信号变量
int v =120,b =60;                 //初始化电动机速度 v 与灰度值 b

void setup() {
  pinMode(mL_pin1,OUTPUT);
  pinMode(mL_pin2,OUTPUT);
  pinMode(mR_pin3,OUTPUT);
  pinMode(mR_pin4,OUTPUT);
}

void loop() {
  vaL = analogRead(sL);           //读左、右灰度传感器信号
  vaR = analogRead(sR);
  if(vaL >= b&&vaR >= b)          /****** 前进 ******/
  {
    mLF(HIGH,LOW,v);              //调用左电动机驱动函数并传递实参
    mRF(LOW,HIGH,v);             //调用右电动机驱动函数并传递实参
  }
  if(vaL < b&&vaR >= b)          /****** 左转 ******/
  {
    mLF(LOW,LOW,0);
    mRF(LOW,HIGH,v);
  }
  if(vaL >= b&&vaR < b)          /****** 右转 ******/
  {
    mLF(HIGH,LOW,v);
    mRF(LOW,LOW,0);
  }
}

void mLF(int in_1,int in_2,int en_1)   //左电动机驱动函数
{
  digitalWrite(mL_pin1,in_1);
  digitalWrite(mL_pin2,in_2);
  analogWrite(mL_en1,en_1);
}
```

```
void mRF(int in_3,int in_4,int en_2)   //右电动机驱动函数
{
  digitalWrite(mR_pin3,in_3);
  digitalWrite(mR_pin4,in_4);
  analogWrite(mR_en2,en_2);
}
```

在源代码中，机器人左转或右转时左电动机或右电动机速度为 0，调用函数时实参中的第 3 个参数 0 不能省略，不然它和形参就不对应了。

2. 电路搭设

1）固定灰度传感器

用 2 根 23mm 长的钢柱、4 颗螺丝、2 个垫片将两个灰度传感器分别固定在教学小车前端底部的左、右两侧，如图 15-3 所示。

2）连接灰度传感器电路

固定灰度传感器之前，先用 6 根 10 cm 公对母的跳线分别将左灰度传感器的 3 个引脚 GND、+5、OUT 依次连接到底部 JS8 的引脚 1、2、3；将右灰度传感器的 3 个引脚 GND、+5、OUT 依次连接教学小车底部 JS7 的引脚 10、11、12，如图 15-3、图 15-4 所示。

（a）

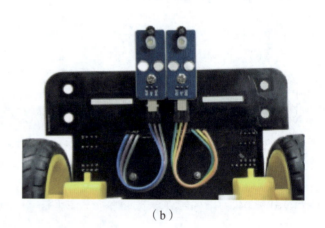
（b）

图 15-3 灰度传感器固定示意
（a）教学小车上部；（b）教学小车底部

在教学小车上部，将左灰度传感器 JS4 的引脚 1、2、3 依次连接主控板的引脚 GND、教学小车电源引脚 VCC、主控板的模拟输入引脚 A0；将右灰度传感器 JS3 的引脚 10、11、12 依次连接主控板的引脚 GND、教学小车电源引脚 VCC、主控板的模拟输入引脚 A1。

3）连接教学小车电动机控制电路

将教学小车左前方 JP1 的引脚 IN1、IN2、EN1、EN2、IN3、IN4 依次连接主控板的引脚 3、4、5、6、7、8，如图 15-4 所示

4）连接电源

将教学小车电源引脚 VCC、GND 依次连接到主控板的引脚 5 V、GND，如图 15-4 所示。

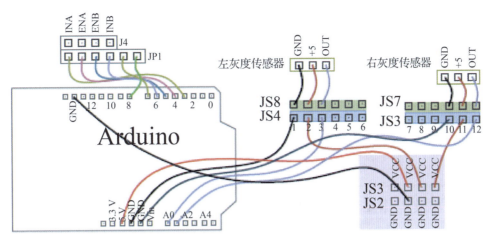

图 15 - 4　实训 15 - 1 程序电路搭设示意

3. 运行程序

（1）场地布置。

用黑色胶带在白色或接近白色的地面上铺设一条环形"路面"，如图 15 - 5 所示。

图 15 - 5　循迹路线示意

（2）检测黑色胶带的灰度值。

灰度传感器探测的物体的灰度值因环境光线不同而有所不同。根据实时检测的黑色胶带灰度值修改源代码中初始化的灰度值。

（3）上传程序后，将机器人放在环形路面上就可以开始循迹了。

课后思考

1. 函数返回语句的一般形式是什么？

2. 函数的返回语句有哪些特点？

3. 一个函数的函数类型为 int 型，它的返回值的类型是（　　　）。

A. int 型　　　　　　　B. float 型　　　　　　C. char 型　　　　　　D. void 型

4. 什么是变量的作用域？

5. 什么是局部变量和全局变量？它们各自的特点是什么？

6. 编写一个教学小车运动程序：用自定义函数控制教学小车前进 t 毫秒、左转 t1 毫秒、右转 t2 毫秒，然后用无限循环语句让教学小车停下来。t、t1、t2 的值由实参传递。

参 考 文 献

［1］中国电子学会普及工作委员会. 机器人基础技术教学［M］. 北京：《电子制作》杂志社，2021。

［2］中国电子学会，上海享渔教育科技有限公司. 智能硬件项目教程［M］. 北京：航空航天大学出版社，2018.